Du bist der Schöpfer jedes Momen

CHRIS PRENTISS

Du bist der Schöpfer jedes Moments

Zen und die Kunst, sein Glück in die eigene Hand zu nehmen

Aus dem Englischen übersetzt von Jochen Lehner

Lotos

Die amerikanische Originalausgabe erschien 2006 unter dem Titel »Zen and the Art of Happiness« im Verlag Power Press, Los Angeles, USA.

Umwelthinweis:
Dieses Buch wurde auf chlor- und säurefreiem Papier gedruckt.

Lotos Verlag
Lotos ist ein Verlag der Verlagsgruppe Random House GmbH

ISBN 978-3-7787-8201-9

1. Auflage 2008

Redaktion: Juliane Molitor
Einbandgestaltung: Christine Klell, unter Verwendung einer Abbildung von Paul Hill
Gesetzt aus der Minion bei hilden_design – Andrea Barth
Illustrationen: © Shutterstock
Druck und Bindung: RMO & welte, München

FÜR TODD

GLÜCK

Der so heiter wirkende »lachende Buddha«, den Sie auf dem Umschlag sehen, ist Pu-tai, wie ihn die Chinesen nennen, in Japan als Hotei bekannt, eine sehr liebenswürdige und menschenfreundliche Spielart des erleuchteten Weisen. Manche führen die Gestalt des Pu-tai – der Name bedeutet »Hanfsack« – auf einen wandernden chinesischen Zen-Mönch des 10. Jahrhunderts zurück, der mit einem Bettelsack aus Hanf von Dorf zu Dorf zog und ein sehr unkonventionelles Leben führte. Er wurde »der Liebevolle« oder »der Freundliche« genannt und soll eine Inkarnation Maitreyas (des zukünftigen Buddha) gewesen sein. Sein Lachen und der gemütliche Schmerbauch stehen für Glück, gutes Geschick und Fülle, und mit seiner Freude und spontanen Verspieltheit verzaubert er alles und alle.

INHALT

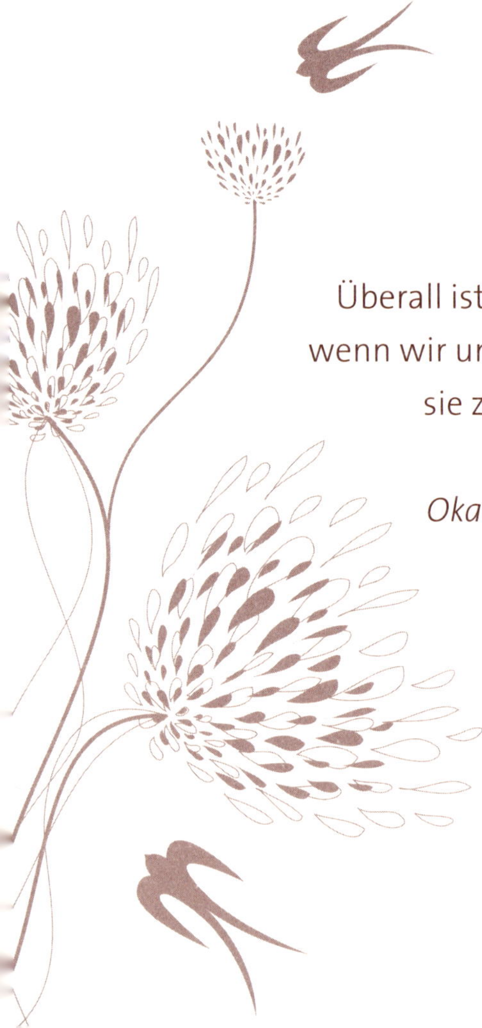

Überall ist Vollkommenheit,
wenn wir uns nur entschließen,
sie zu erkennen.

Okakura Kakuzo

1 DER WEG

Es gibt nur einen einzigen Weg zu dauerhaftem Glück: Sei einfach glücklich.

Jetzt denken Sie vielleicht: »So ein Unsinn. Ich hätte mir dieses Buch vielleicht doch nicht kaufen sollen. Hoffentlich wird es noch besser.« Oder: »So einfach ist es doch wohl nicht.« Oder: »Der Autor hat den Verstand verloren, und jetzt redet er wirres Zeug daher.« Es kann auch sein, dass Sie gleich alle möglichen Einwände haben: »Gut und schön, aber hier steht nicht, wie man das *macht.*« »So funktioniert die Welt nun mal nicht.« »Wo ist hier die Rede von allem, was mich *unglücklich* macht, von Pech und Patzern im Alltag – ganz zu schweigen von den wahren Tragödien?« »Glücklich kann man doch nicht einfach *sein*!« »Wahrscheinlich ist der Autor schon ein bisschen senil.«

Das mag sogar alles wahr sein. Glücklich zu sein, jedenfalls deutlich häufiger als bisher, ist eine unglaublich vertrackte und schwierige Angelegenheit –

weniger in der »Ausführung«, wenn man einmal weiß, wie es gemacht wird, sondern mehr im Ausfindigmachen und Bewussthalten dieses Wie. Ich sage Ihnen aber: Sie *können* es, und Sie *werden* es schaffen, wenn Sie dieses Büchlein zu Ende lesen und dem Gelesenen eine Chance geben, sich zu bewahrheiten.

Den Weg, der Sie durch Mühen und Plagen dahin geführt hat, wo Sie jetzt stehen, gehen Sie nicht erst ein paar Tage oder Monate, sondern schon viele Jahre lang. All die Jahre Ihres bisherigen Lebens. Exakt so viele Jahre haben Sie gebraucht, um so zu werden, wie Sie jetzt sind. So viele Jahre haben Sie gebraucht, um zu schaffen, was Sie sich geschaffen haben, um zu besitzen, was Sie jetzt besitzen, um den Stand zu erreichen, auf dem Ihr Leben jetzt ist. Ihr heutiges Leben verdankt sich einer Folge von Entscheidungen, die Sie Schritt für Schritt hierher geführt haben.

Wenn das, was Sie jetzt sind und haben, Ihrem Wunsch entspricht und Sie mit den Umständen Ihres Lebens zufrieden sind, dann herzlichen Glückwunsch. Tun Sie weiterhin, was Sie bisher getan haben, und Sie werden mehr von dem bekommen, was Ihnen schon jetzt Freude macht. Sollten Sie mit dem, was Sie sind und haben, mit dem Erreichten und Ihren Lebensumständen jedoch nicht zufrieden sein (zu wenig oder nicht das Richtige), so stehen ein paar Veränderungen für Sie an, und zwar grundsätzliche, innere Veränderungen. Wenn Sie diese Veränderungen nicht vornehmen, werden Sie weiter vergeblich nach all dem suchen, was Sie sich wünschen. Und die Jahre vergehen.

Sie werden hier wahrscheinlich auf Aussagen stoßen, die sich nicht mit Ihren eigenen Anschauungen decken, die Ihrer Erfahrung widersprechen; die nicht zu dem passen, was Sie von anderen gehört haben; die sich nicht mit der Religion, in der Sie aufgewachsen sind, vereinbaren lassen und die vielleicht auch einfach Ihrem gesunden Menschenverstand widerstreben. Damit ist zu rechnen. Sonst wären Sie schon längst Meister in der Kunst des Glücklichseins.

Manches von dem, was Sie hier lesen, könnte Ihnen also unmöglich, wenn nicht gar dümmlich oder lächerlich erscheinen und Ihrem eigenen Empfinden krass zuwider laufen, sodass Sie allenfalls darüber spotten oder sich lustig machen können – und es schlicht verwerfen. Mein Vorschlag: Halten Sie, wann immer das passiert, inne und gehen Sie kurz der Frage nach, ob Sie sich *wünschen*, dass die betreffende Aussage wahr ist. Und wenn es so ist, geben Sie sich die Chance, sie für wahr zu halten.

EINFACHE FRAGEN

Die Wahrheit ist immer ganz nah, greifbar nah.

D.T. Suzuki

Wenn Sie also einverstanden sind, möchte ich Sie jetzt zum Überschreiten der Grenzen Ihres gewohnten Denkens und Ihrer vertrauten Erfahrung animieren. Das neue Leben beginnt mit zwei einfachen Fragen. Antworten Sie bitte wahrheitsgemäß.

Erste Frage: »Würde ich mir wünschen, dass der folgende Satz zutrifft?«

Alles, was mir widerfährt,
ist das absolut Beste, was mir passieren kann.

Die Antwort auf die zweite Frage könnte schon etwas schwerer fallen: »Bin ich bereit, für möglich zu halten, dass es wahr sein könnte?«

Stellen Sie sich vor, Gott würde in eben diesem Moment vor Ihnen erscheinen und sagen: »Ich verspreche dir, dass alles, was dir von jetzt an widerfährt, von größtem Nutzen für dich sein und dir alles Glück der Erde bescheren wird.« Und angenommen, er würde weiterhin sagen: »Was geschieht, wird dir manches Mal zunächst als Missgeschick und eher nachteilig erscheinen, aber am Ende wird sich *alles* als Segen, als äußerst nutzbringend erweisen.«

Wie würden Sie auf diese wirklich frohe Botschaft reagieren? Wären Sie froh, vielleicht überglücklich? Könnte es überhaupt bessere Neuigkeiten für Sie geben? Fühlten Sie sich nicht zutiefst erleichtert, als wäre eine schwere Last von Ihren Schultern genommen worden? Und würden Sie nicht das Nächste, was Ihnen passiert – auch wenn es zunächst Verlust und Nachteil bedeutet und

Sie normalerweise »So ein Pech!« dazu sagen würden – , als etwas ansehen, worin sich ganz Wunderbares für Sie versteckt, das Beste, was Ihnen überhaupt passieren kann?

Wenn Sie jetzt nicht gleich begeistert mit »Ja!« antworten können, haben Sie meine Worte vielleicht noch nicht ganz so aufgenommen, wie ich sie meine. Ich habe nicht das oft gehörte Sprüchlein »Mach das Beste daraus« im Sinn, das ja bedeutet: »Die Dinge haben zwar wirklich einen sehr unglücklichen Verlauf genommen und dich in eine schlimme Lage gebracht, aber sieh trotzdem zu, ob du nicht noch irgendetwas retten kannst.« Ich will auch nicht sagen, dass in jedem noch so schlimmen Ereignis ein Körnchen Gutes steckt.

Das wäre ein zu enger Betrachtungswinkel. Was ich zu sagen versuche, ist ganz ohne Einerseits und Andererseits: *Alles, was Ihnen widerfährt, ist das absolut Beste, was Ihnen passieren kann.* Nichts anderes, was auch immer man sich ausdenken mag, könnte noch besser, noch nutzbringender für Sie sein.

Also noch einmal: Könnte es überhaupt bessere Neuigkeiten für Sie geben? Fühlten Sie sich nicht zutiefst erleichtert, als wäre eine schwere Last von Ihren

Schultern genommen worden? Und würden Sie nicht das Nächste, was Ihnen passiert – auch wenn es zunächst Verlust und Nachteil bedeutet und Sie normalerweise »So ein Pech!« dazu sagen würden –, als etwas ansehen, worin sich ganz Wunderbares für Sie versteckt, das Beste, was Ihnen überhaupt passieren kann?

Wenn Sie diesem neuen Gedanken eine Chance geben wollen und einfach mal davon ausgehen, dass Ihnen immer und ohne Ausnahme das Bestmögliche widerfährt, wird sich auch Ihr Handeln immer mehr an dieser Annahme ausrichten und – das ist ein Naturgesetz – immer mehr Dinge herbeiführen, die Sie mühelos als erfreulich erkennen können. Ja, man muss sich da ein wenig eingewöhnen und braucht geistige Präsenz, was mit einem gewissen Aufwand verbunden ist. Aber was Sie erwartet, ist seinen Preis mehr als wert: ein Leben in Glück und Sonnenschein.

ZEN

Zen ist einfach dieser Zustand
von gesammelter Präsenz hier und jetzt.
Alan Watts

Zen ist ein zu umfangreiches Thema für ein kleines Buch wie dieses, aber ich möchte dennoch aufzeigen, wie wir die Essenz des Zen, seine Methode oder Vorgehensweise für den Weg zu unserem Ziel – Glück – nutzen können.

Zen ist die japanische Lesart des uralten Sanskritwortes *Dhyana* (chinesisch *Ch'an*), das so viel wie »Meditation« bedeutet. Im Grunde ist Zen ein Weg des Forschens und eine Lebensweise, die zwar im Buddhismus entstand, aber letztlich an keine bestimmte Religion gebunden ist. Es geht um die Erfahrung des Lebens, wie es hier und jetzt ist, um die Aufhebung der dualistischen Unterscheidung zwischen »ich« und »du«, zwischen Subjekt und Objekt, zwischen

»Spirituellem« und »Alltäglichem«. Es geht darum, unser wahres Wesen zu erkennen, unmittelbar zu erfahren und zu leben.

Auf dem Zen-Weg finden wir zur schlichten, von natürlicher Bewusstheit durchdrungenen Selbstverständlichkeit unseres tagtäglichen Lebens zurück. Wie der große japanische Kenner und Wegbereiter des Zen im Westen, Daisetz Teitaro Suzuki (1870-1966), einmal gesagt hat: »Zen gibt uns nur Gelegenheit aufzuwachen und aufzumerken. Es lehrt nicht, es zeigt lediglich auf.«

Dies ist der Kerngehalt:

Das Zen des Tuns besteht darin, alles mit einer besonderen Sammlung zu tun, mit einer Ruhe und Schlichtheit des Geistes, in der Erleuchtung erfahren und in der Folge Glück erlebt werden kann.

Dieses Buch handelt vom Zen des Glücks, man könnte auch sagen von der Kunst oder Essenz des Glücks, von einem inneren »Glücks-Spiel« oder einfach vom kürzeren Weg zum Glück.

Richtig angewandt, kann das Glück nicht ausbleiben.

Yogis verbringen Jahre oder Jahrzehnte meditierend, um Erleuchtung zu finden. Zen-Schüler meditieren über Jahre mit *Koan* genannten Zen-Rätseln. Von Menschen, die das Ziel erreicht haben, ist oft zu hören, dass die Erfahrung urplötzlich da war und dass sie, obwohl sie nur einen Augenblick anhielt, von so durchschlagender Kraft war, dass sie für immer verändert waren.

Was haben sie da erlebt? Was kann von solcher Wucht sein? *Sie haben ihr Einssein mit dem Universum erfahren.* Denn das ist Erleuchtung: erkennen, dass alles im Universum derselben Energie entspringt und diese Energie ist, und zu wissen, in welcher Beziehung wir zu all dem stehen. Wo dieses Bewusstsein entsteht, wird plötzlich alles sonnenklar, alles klärt sich auf, alles wird verständlich. Wie der japanische Zen-Meister Dogen sagte: »Erleuchtet sein heißt, mit allen Dingen zutiefst vertraut sein.«

Dieses Buch möchte Ihnen helfen, Erleuchtung in Ihr Leben zu bringen. Dazu wird es Ihnen ein paar sehr wichtige Gesetze unserer Welt und des

Universums erklären. Es wird Ihnen zeigen, was diese Gesetze für Sie bedeuten und wie Sie dieses Wissen anwenden können, um Ihr Glück zu finden. Mit der Anwendung Ihrer Entdeckungen auf alle Situationen und Ereignisse Ihres Lebens kommt die für das Zen typische »geistige Sammlung« ins Spiel.

Ein Glück, das aus tiefem Verständnis der universalen Gesetze und unserer Beziehung zum Universum erwächst, ist wahres Glück. Es ist dauerhaftes Glück, das weder mit der Zeit noch durch sich ändernde Umstände abnimmt. Es bleibt uns durch alle Schwierigkeiten, Verluste oder Nöte treu und macht unsere besten Tagen noch schöner.

Wir sind, was wir sind, aufgrund
unserer Gedanken. Es beruht auf unseren
Gedanken, es besteht aus unseren Gedanken.

Dhammapada

2 WIR SELBST SIND DIE SCHÖPFER JEDES MOMENTS

Was Sie in der Vergangenheit erlebt haben, läuft höchstwahrscheinlich auf den Schluss hinaus, dass der Satz »Alles, was mir widerfährt, ist das Beste, was mir überhaupt passieren kann« nicht zutrifft, nicht zutreffen *kann*, und dass ein von dieser Prämisse ausgehendes Buch Ihnen wohl nicht viel bringen wird. Sie werden es vielleicht als müßig empfinden, mit dieser Aussage auch nur zu experimentieren.

Doch dies ist ein neuer Tag. Ein neues Jahrhundert, ein neues Jahrtausend ist angebrochen, und wenn Sie weiter lesen, gewinnen Sie möglicherweise den Eindruck, dass es Zeit wird, einen neuen Glauben anzunehmen, der Ihr Leben von jetzt an in andere, bessere Bahnen lenkt.

Wir selbst sind die Schöpfer jedes Moments.

Wir besitzen Macht. Wir erschaffen unsere Zukunft mit dem, was wir denken und tun. Wir sind der »Mechanismus«, der das Leben steuert, und wir steuern die Ereignisse unseres Lebens durch unser persönliches Weltbild. Unser Weltbild bestimmt, wie wir auf die Dinge reagieren.

Wir alle haben unser ganz eigenes Weltbild, aber wenige machen sich klar, worin es besteht. Selbst wenn Sie sich noch nie hingesetzt haben, um Ihre Lebensphilosophie zu formulieren, ist sie doch jederzeit und überall in Ihrem Leben am Werk. Sie bestimmt, was Sie über Ihre Welt denken, was Sie über Menschen und Ereignisse denken, wie Sie den Einfluss von Umständen und Ereignissen auf Ihr Leben oder umgekehrt Ihren Einfluss auf diese Dinge sehen.

Fragte man Sie nach den Grundzügen Ihrer Lebensphilosophie, antworten Sie vielleicht: »Das Leben ist toll. Mir passiert immer Gutes. Ich bin einfach ein Glückspilz. Für mich ist die Welt etwas Wunderbares, voll von lauter wunderbaren Menschen.« Ihre Antwort könnte aber auch ganz anders lauten: »Ich habe immer Pech. Mir geht alles schief. Ich finde die Welt nicht gerade wohnlich. Menschen nutzen einander nur aus. Jeder reißt sich unter den Nagel, was er kriegen kann.« Und wahrscheinlich glauben Sie an Murphys Gesetz: »Was überhaupt schief gehen kann, *wird* auch schief gehen.«

Viele sagen, dass jederzeit ein Unglück passieren kann und dass unfaires Verhalten anderer nicht nur möglich, sondern wahrscheinlich ist. Echtes Glück, sagen sie weiter, ist nicht leicht zu haben und normalerweise schnell wieder vorbei. Wir kommen in diese Welt, wir leben, wir sterben. Dazwischen bestimmen Kämpfe das Bild, und von allem, was wir uns wünschen, bleibt nach vielen Abzügen nur ein kümmerlicher Rest für uns.

Das glauben viele Menschen, und weil sie diesem Glauben entsprechend handeln, führen sie – das ist ein Naturgesetz – immer wieder solche Ergebnisse herbei. Dann sagen sie: »Hab ich dir doch gesagt.« Und das sagen sie nicht einem, sondern jedem und ständig – und dann ist es so.

Indem Sie etwas, das Ihnen passiert, als schlecht betrachten, machen Sie es erst recht unerfreulich. Und wenn Sie die Unerfreulichkeit weit genug gesteigert haben, bestätigen Sie sich damit, dass es wirklich ein ganz unseliges

Ereignis war. Tatsächlich sorgt aber erst Ihre Reaktion dafür, dass die Unerfreulichkeit eines Vorkommnisses immer mehr Unerfreulichkeit nach sich zieht. *Wir* sind es, die scheinbar schlimme Dinge sofort mit dem Nimbus des Schlimmen versehen und sie von da an immer weiter als schlimm betrachten. Dazu passt Shakespeares kluge Anmerkung: »Nichts ist an sich gut oder schlecht, unsere Gedanken machen es dazu.«

Noch einmal: Ihr Weltbild bestimmt, wie Sie auf etwas reagieren, das sich in Ihrem Leben abspielt. Damit ist Ihr Weltbild ganz und gar für das Ausmaß Ihres Glücks und Wohlbefindens verantwortlich. Mehr noch, auch wenn das vermutlich schwer zu glauben ist: Ihr Weltbild bestimmt sogar, was Ihnen widerfährt. Es hat Ihre Lebensumstände und die meisten Ereignisse in Ihrem Leben herbeigeführt, auch alles, was aus Ihrer Sicht nicht in Ihrer Hand liegt – und es wird dies weiterhin tun.

WIE EINER GLAUBT, SO IST ES FÜR IHN

Der wahre Mensch sieht, was das Auge sieht,
und fügt nichts hinzu, was nicht da ist. Er hört, was das Ohr hört,
und hört keine eingebildeten Untertöne heraus.
Er sucht nicht nach verborgenen Bedeutungen.

Chuangtse

Sie handeln, wie es Ihrem Glauben entspricht, und damit bestimmen Sie nicht nur die Umstände Ihres Lebens, sondern auch das Maß Ihres Glücks. In dem Film *What the Bleep Do We Know!?* hören wir den Physiker Fred Alan Wolf sagen: »Es gibt da draußen kein ›Da Draußen‹ unabhängig von dem, was *in* uns vorgeht.«

Die Geschichte von Max mag hier als Beispiel dienen. Max war Inhaber eines gut gehenden Sandwich-Shops. Die Leute standen Schlange bei ihm. Zu seinen Sandwiches reichte er gern Pickles oder Kartoffelchips, manchmal sogar ein

Getränk – einfach so, kostenlos. Seine Sandwiches waren weithin für ihren üppigen Belag berühmt.

Eines Tages besuchte ihn sein Sohn, der in einer weit entfernten Stadt lebte. Sie hatten eine schöne Zeit zusammen, doch beim Abschied sagte der Sohn zum Vater: »Ich habe beobachtet, wie du deinen Laden führst, und muss dir in deinem eigenen Interesse sagen, dass du mit deinen kostenlosen Dreingaben einen Fehler machst. Die Wirtschaft liegt in unserem Land schwer danieder, es gibt viele Arbeitslose und insgesamt haben die Leute immer weniger Geld zur Verfügung. Wenn du die Extras nicht weglässt und die Portionen nicht kleiner machst, wird es auch dir bald schlecht gehen.« Max wunderte sich zwar, aber er dankte seinem Sohn für den Rat und versprach, sich die Sache durch den Kopf gehen zu lassen.

Wenig später kam er zu dem Schluss, dass sein Sohn sicher Recht hatte. Von da an gab es bei ihm nichts mehr umsonst, und der Sandwichbelag war auch nicht mehr so üppig. Schon sehr bald blieben immer mehr seiner enttäuschten Kunden aus, woraufhin er seinem Sohn schrieb: »Du hattest völlig Recht! Mit der Wirtschaft ist wirklich nichts mehr los. Ich bekomme es hier in meinem Laden tagtäglich zu spüren.«

Nun hatte der Sohn zwar durchaus Recht gehabt mit seinen Worten über die schlechte Konjunktur. Die war jedoch schon vorher nicht besser gewesen, und trotzdem hatte Max' Geschäft floriert. Er hatte sich gar nicht klar gemacht, dass die Zeiten schlecht waren, dass es viele Arbeitslose gab und überall Geldknappheit herrschte. Er hatte einfach alle sehr großzügig behandelt, wie es seine Art war. Und dafür hatte er das bekommen, was *unweigerlich* daraus folgt: einen stetigen Strom guter, erfreulicher Dinge. Nachdem er jedoch von seinem Sohn über die schlechte Wirtschaftslage »aufgeklärt« worden war, handelte er entsprechend und bekam dafür ebenfalls das, was *unweigerlich* daraus folgt: Ängste, Sorgen und Knappheit, die er von »da draußen« kommen sah. Doch kamen sie wirklich von draußen?

Antworten kommen niemals von außen.
Alle Antworten sind innen, in Ihnen und wollen entdeckt werden.

Noch ein Beispiel für die Macht des Glaubens über unser Verhalten und die Ereignisse in unserem Leben: Ich habe in meiner Jugend zahlreiche Verwarnungen und Bußgeldbescheide für zu schnelles Fahren bekommen, was jedoch nicht dazu führte, dass ich dieses Verhalten änderte. 1968 bekam ich von der kalifornischen Straßenverkehrsbehörde die Mitteilung, mein Punktekonto sei voll und beim nächsten Verstoß werde mein Führerschein für ein Jahr eingezogen. Man riet mir zu einem Beratungsgespräch beim Verkehrspsychologen der Behörde. Von diesem musste ich mir als Erstes anhören, ich hätte da ja eine wirklich stattliche Latte von Vergehen vorzuweisen.

»Wieso?«, sagte ich abwehrend. »Solche Verwarnungen bekommt doch jeder.«

»Nicht alle bekommen so viele«, klärte er mich auf. »Kalifornier bekommen im Durchschnitt ein ›Knöllchen‹ in vier Jahren.«

Das gab mir zu denken. Ich hatte mir eingebildet, alle anderen seien wie ich und bekämen laufend Verwarnungen. Nach dieser Begegnung bekam ich jedenfalls keine mehr. Ich hatte etwas durchaus Destruktives in mir, und ... wie einer glaubt, so ist es für ihn. Für Sie auch.

Sehen Sie sich als eine Art Weiche. Immer wenn sich irgendetwas in Ihrem Leben ereignet, schieben Sie es entweder auf das positive oder auf das negative Gleis. Aber selbst wenn etwas Sie eindeutig verletzt oder Ihnen etwas nimmt, liegt es doch noch in Ihrer eigenen Hand, auf welches Gleis Sie das schieben. Und damit bestimmen Sie selbst, was weiterhin daraus wird.

Haben Sie je etwas erlebt, das zuerst ganz schlimm aussah und sich später als vorteilhaft erwies? Vielleicht haben Sie Tage, Wochen oder Jahre später gesagt: »Das war das Beste, was mir passieren konnte!« Jeder, dem ich diese Frage bisher gestellt habe, konnte sich an mehrere Vorfälle dieser Art erinnern.

Es ist an der Zeit, von jetzt an *alles* unter diesem Gesichtspunkt zu betrachten. Lernen Sie, diese Wahrheit in jeder Situation zu entdecken. Erziehen Sie sich regelrecht dazu, sie schon während des Ablaufs der Ereignisse (und nicht erst später) zu erkennen – und Glück wird Ihr ständiger Begleiter sein. Außerdem ersparen Sie sich unzählige Stunden, Tage und Wochen des müßigen Lamentierens über »Missgeschicke«, die sich am Ende doch als für Sie vorteilhaft erweisen werden.

Tag für Tag guter Tag.

Ummon

3 DIE DINGE ANDERS ERLEBEN

Wie ändert man seinen Glauben, wenn dieser auf dem beruht, was man erlebt hat? Dadurch, dass man die Dinge anders erleben lernt.

Und das geht am einfachsten, wenn Sie sich angewöhnen, anders auf die Ereignisse in Ihrem Leben zu reagieren. Andere Reaktionen führen zu anderen Erfahrungen und damit zu einer neuen Wirklichkeit.

Um Ihr Glück zu finden, tun Sie einfach so, als sei dieser Satz wahr: »Alles, was mir passiert, ist immer das Beste, was mir passieren kann.« Das ist eine simple Gleichung wie 1 + 1 = 2, nämlich:

So tun, als sei alles immer das Beste,
was mir passieren kann + neue Erfahrungen = Glück.

Wenn Sie sich von der Wahrheit überzeugt haben, dass wirklich alles immer zu Ihrem Besten ist, wird das Leben anfangen, Ihnen viel mehr Spaß zu machen, als hätten Sie jetzt einen direkten Draht zum Glück. Das Glück ist da, es wartet auf Sie. Halten Sie sich nur an das Rezept, die Gleichung oben. Unglück ist auch da und erwartet Sie. Mit Ihrer Reaktion entscheiden Sie sich für Glück oder Unglück.

Nehmen wir an, Sie wollten einen Coffee-Shop eröffnen und hätten hunderttausend Euro Startkapital. Sie werden sich jetzt nach geeigneten Lokalitäten umsehen und erste Einstellungsgespräche führen. Sie werden sich nach den Preisen für Einrichtung und Ausstattung erkundigen, Kontakte zu Lieferanten knüpfen, Ihr Ladentransparent in Auftrag geben, einen Zeitplan aufstellen und alles in die Wege leiten, damit Ihr Geschäft einen guten Start bekommt.

Was jedoch, wenn dies Ihr Vorhaben ist, das Geld aber nicht zur Verfügung steht? Wenn Sie einzig diese unbestreitbare Tatsache zur Grundlage Ihres Handelns machen, werden Sie gar nichts unternehmen, sondern nur grübeln, wo das Geld herkommen soll. Eben dieses Wissen, dass Sie das Geld nicht haben, lähmt Sie in Ihrer Tatkraft.

Und jetzt nehmen wir drittens an, dass Sie es dazu gar nicht erst kommen lassen, sondern einfach so tun, als hätten Sie das Geld auf Ihrem Konto. Sie leiten alles so in die Wege wie im ersten Fall, wo das Geld tatsächlich da war. Sie lassen das Projekt allen Ernstes anlaufen und ... na? Richtig, Sie schaffen die Bedingungen für den Zustrom von Geld. Zum Beispiel könnte unter den Leuten, mit denen Sie Gespräche führen, jemand sein, der gern als Mitinhaber einsteigen würde. Vielleicht möchte ein Lieferant das Geld investieren. Vielleicht findet der Besitzer des Gebäudes Gefallen an der Sache und möchte sich finanziell engagieren. Vielleicht sucht der Schwager des Schildermachers eine Möglichkeit, sein Geld anzulegen ...

Es gibt für diese Art des Vorgehens einen Ausdruck, den ich in dem über sechstausend Jahre alten chinesischen Weisheitsbuch *I Ging* gefunden habe:

Alles kommt zu der ihm bestimmten Zeit.

Es ist nicht nötig, für das gerade anstehende Projekt von Anfang an alles parat zu haben. Die Zutaten werden sich zu ihrer Zeit einstellen. Wichtig ist nur, dass

Sie das Projekt vorantreiben, bis die den Dingen bestimmte Zeit kommt. Wenn Sie vorgehen, als *hätten* Sie das nötige Geld, erzeugen Sie Energie und setzen damit einen Strom von Ereignissen in Gang, der zum Erfolg führen wird. Mit Ihrem beherzten Tun erzeugen Sie einen »Energiewirbel«, der alles für Ihr Unterfangen Notwendige ansaugt.

Alles, was Sie benötigen, steht nämlich in Wirklichkeit schon für Sie bereit, Sie müssen es nur noch anziehen. Mit dem Glück ist es genauso. Wenn Ihr Handeln stets von der Annahme ausgeht, dass alles immer zu Ihrem Besten ist, erzeugen Sie einen Energiewirbel, der dann wirklich alles zum Besten für Sie wendet. Dann sind Sie glücklich. Sie haben den Beweis, dass die Dinge tatsächlich so laufen, und jetzt *glauben* Sie, dass alles, was geschieht, zu Ihrem Besten ist. In dem Moment, in dem Sie wissen, dass es wahr ist, tun Sie einen tiefen Seufzer der Erleichterung.

Woran erkennen Sie, dass Sie den Zustand erreicht haben, in dem Sie immer davon ausgehen, dass alles stets das Beste ist, was Ihnen passieren kann? Sie erkennen es, wenn Ihnen allmählich oder plötzlich bewusst wird, dass Sie neuerdings die meiste Zeit eher fröhlich sind, selbst wenn Sie es mit unerfreulichen Vorkommnissen oder Umständen zu tun haben.

DAS BESTMÖGLICHE

Wenn du wirklich zu leben verstehst,
was könnte dann schöner sein, als den neuen Tag
mit einem Lächeln zu begrüßen? Lächelnd gehst du behutsam
und verständnisvoll in den Tag. Lächle mit allem,
was du bist.

Thich Nhat Hanh

Am Herbeiführen neuer Erfahrungen und Resultate in unserem Leben ist nur eines schwierig, nämlich in dem Bewusstsein zu bleiben, dass alles, was passiert, das Beste ist, was uns passieren kann. Wir lassen uns so leicht von allem mitreißen, was gerade geschieht, und vergessen dann, dass wir ja so reagieren sollen, als wäre das, was gerade los ist, wirklich zu unserem allergrößten Nutzen. Die Arbeit besteht also darin, sich ganz bewusst zu erinnern. Und es gibt keine andere Arbeit, die ähnlich gewinnbringend wäre. Eine besonders gute Erinnerungshilfe besteht darin, dass Sie diesen magischen Satz auf eine ganze Reihe von Zetteln schreiben:

Alles, was mir passiert, ist immer das Beste,
was mir überhaupt passieren kann.

Platzieren Sie diese Zettel überall da, wo Sie sich häufig aufhalten und sie immer wieder sehen – am Badezimmerspiegel, an gut sichtbarer Stelle im Wagen, am Arbeitsplatz, in der Brieftasche, an der Garderobe, im Deckel der Aktentasche, im Spind oder Kleiderschrank, an der Kühlschranktür, an der Zimmerdecke über Ihrem Bett, an der Wand vor oder gegenüber Ihrem Schreibtisch – also überall da, wo Ihr Blick täglich darauf fällt.

Wenn jetzt irgendeine kritische Situation entsteht, machen Sie sich sofort an die »Arbeit«: Sie besinnen sich auf diese Wahrheit und gehen einfach davon aus, dass auch diese schwierige Sache von größtmöglichem Nutzen für Sie ist.

Lächeln Sie. Stellen Sie sich vor, wie sich alles wunderbar für Sie löst. Tun Sie so, als hätten Sie gerade etwas ganz Wunderbares erfahren oder ein wirklich erfreuliches Geschenk bekommen. Sollten Sie negative Energie aussenden, weil Sie sich doch wieder mit etwas Schlechtem konfrontiert glauben, dann stellen Sie sofort die Weiche um und lenken die Energie auf das positive Gleis. Versichern Sie sich, dass die Ereignisse zu Ihrem größten Vorteil sein werden. Es ist ein Naturgesetz, dass diese neuen Gedanken und die daraus folgenden Aktionen die Ereignisse zum gewünschten Ziel – Glück – hinlenken werden.

Das Universum irrt sich nicht.

Alles läuft genau so, wie es laufen soll. Nur weil wir Schwierigkeiten *sehen*, erleben wir auch Schwierigkeiten und Nöte. Und nicht nur das. Wenn wir etwas als »schlimm« bezeichnen, sehen wir das Gute nicht, das uns erwartet. Ich habe einmal einen Mann gekannt, der seinen Job verlor, woraufhin er sein Schicksal verfluchte, sich dem Alkohol hingab und dazu noch Kokain schnupfte. Nach ungefähr drei Monaten Suff erhielt er einen Anruf von einer Firma, für die er immer schon gern gearbeitet hätte. Dort hatte man erfahren, dass er frei war, und wollte ihn am liebsten sofort haben. Aber einen Drogentest sollte er vorher machen. Diese Firma hielt etwas auf sich und beschäftigte prinzipiell niemanden, der Drogen nahm.

Er fiel bei dem Test durch und bekam den Job nicht. Das lag natürlich letztlich daran, dass er dem Universum sein Misstrauen erklärt hatte, indem er sein »Missgeschick« verfluchte, anstatt damit zu rechnen, dass das Universum etwas noch Besseres für ihn in petto hatte. Dass er seine Stelle verloren hatte, war sicher kein Irrtum oder Missgeschick, sondern »eingefädelt« – eine Art Reifezeugnis, das ihm die Befähigung zuerkannte, nach Höherem zu streben. Das war ihm leider nicht bewusst. Lebten wir in einem Universum, das nicht lebendig wäre und kein Bewusstsein hätte und folglich nichts von uns wüsste, könnte man wohl sagen, dass die Dinge »einfach passieren«. Aber wir gehören einem ganz und gar lebendigen und bewussten Universum an, dem nichts in unserem Leben entgeht, einem Universum, das immer genau das bereitstellt, was wir benötigen, um uns voll entfalten zu können.

Wir sind *das Universum ... seine Ausläufer.*

Wenn du die Wahrheit nicht da findest,
wo du gerade bist, wo denn dann?
Dogen

4 WIE INNEN, SO AUSSEN

Glück kommt von innen. Es ist ein Zustand, den unser Bewusstsein erzeugt. Sicher gibt es äußere Umstände und Dinge, über die wir uns freuen, aber sie sind nicht die Ursache unserer Freude. Die Ursache liegt in dem, was wir über diese äußeren Dinge und Umstände denken.

Dieses Prinzip möchte ich wiederum an zwei Beispielen verdeutlichen. Denken Sie sich ein Sportstadion mit Tausenden von Besuchern. Wenn das Spiel vorbei ist, sind manche froh und andere gar nicht, je nachdem, ob »ihre« Mannschaft gewonnen oder verloren hat. Froh oder unfroh über den Ausgang einer sportlichen Begegnung – das sind innere Reaktionen auf ein äußeres Ereignis.

Freude oder Missvergnügen liegen nicht im Ereignis selbst.

Jeder Zuschauer fühlt sich einer der beiden Mannschaften verbunden oder verknüpft finanzielle Interessen mit dem Ergebnis oder ist ein Fan eines der Beteiligten oder hat eine besondere Beziehung zu der Schule, Hochschule oder Stadt, die durch eine Mannschaft vertreten wird. Davon, nicht vom Ereignis selbst, wird seine Reaktion auf den Wettkampf und den Ausgang bestimmt. Lägen Freud und Leid einfach im Ereignis selbst, würden alle Zuschauer gleich empfinden, da alle das Gleiche sehen. Der eine ist froh und der andere unfroh, weil sie demselben Ereignis unterschiedliche Bedeutungen beimessen.

Mit allem im Leben ist es so. Wie Sie zu etwas stehen, wie Sie es betrachten und bewerten, daran hängt Ihr Glück oder Unglück, nicht an den Dingen selbst.

Das zweite Beispiel: Nehmen wir an, neben dem kleinen Haus, in dem Sie wohnen, werde ein großes neues Haus erbaut. Gut möglich, dass Sie nicht gerade froh darüber sind: Staub, Lärm und dann die Aussicht, gleich nebenan ein so großes Haus zu haben und in seinem Schatten zu stehen. Ein paar Monate des Unbehagens gehen ins Land. Sie werden immer unglücklicher, auch darüber, dass dieses Riesending immer noch nicht fertig ist und noch lange keine Ruhe einkehrt. Da steht eines Tages der Bauunternehmer vor Ihrer Tür und teilt Ihnen mit, dieses Haus sei von einem sehr begüterten Menschen in Ihrer weitläufigen Verwandtschaft in Auftrag gegeben worden und als Geschenk *für Sie* gedacht.

Dasselbe Haus, derselbe Staub, derselbe Lärm wirken jetzt auf einmal ganz anders auf Sie. Die mit dem Bau verbundenen Belästigungen werden Ihnen auch jetzt nicht angenehm sein, aber gegen die Aussicht, Besitzer des fertigen Hauses zu sein, wirken sie fast bedeutungslos.

Wie sehr unser Denken von innen beeinflusst wird und dass zwei Menschen nie das Gleiche in ein und demselben Ereignis sehen, kommt sehr schön in der berühmten Zen-Geschichte von den beiden Mönchen zum Ausdruck, die eine im Wind flatternde Fahne betrachten. Der eine sagte, es sei die Fahne, die sich bewege, der andere meinte, nein, es sei der Wind. Zufällig kam gerade der Meister vorbei und hörte, was sie sprachen. Er sagte: »Nicht der Wind und nicht die Fahne, sondern der Geist bewegt sich.«

URSACHE UND WIRKUNG

Dein schlimmster Feind kann dir nicht so sehr schaden wie
dein eigenes Denken, wenn du es nicht im Zaum hast.
Doch wenn du seiner Herr geworden bist, gibt es keine größere Hilfe.
Dhammapada

Glück und Unglück sind innere Zustände, die davon abhängen, wie wir die Dinge betrachten und deuten. Deshalb können wir unsere Geistesverfassung durch neue und andere Gedanken ändern. Das geschieht nicht immer auf so direktem Wege wie in unserem Beispiel mit dem neuen Haus, das sich plötzlich als Ihnen zugedacht erweist. Aber Sie können sich jederzeit mit neuen und besseren Informationen versorgen, wenn Sie das, was in Ihrem Leben geschieht, einfach anders betrachten und auslegen. Damit werden Sie selbst die größten Schwierigkeiten nicht nur überstehen, sondern mit einem Lächeln auf den Lippen meistern.

Metaphysik spricht der ursprünglichen Wortbedeutung nach von Dingen, die »jenseits« des Stofflichen oder »Physischen« liegen und darüber hinausgehen. Unser menschliches Streben ist immer auch metaphysischer Natur, weil wir jenseits des Sichtbaren, Berührbaren, Hörbaren, Schmeckbaren und Riechbaren noch mehr ahnen, etwas, das die Welt der äußeren Sinneswahrnehmung übersteigt.

Durch unser metaphysisches Fragen entdecken wir das wahre Wesen der Dinge – was sie letztlich sind und weshalb sie da sind. Für mich gehören die universalen Gesetze, denen alles in der stofflichen oder physischen Welt unterliegt, zur Metaphysik; ebenso aber auch die weniger offensichtliche Gesetze dessen, was in der Welt jenseits dieser stofflichen Wirklichkeit geschieht.

Hier ein Beispiel für ein Gesetz, das in beiden Bereichen Gültigkeit besitzt und etwas für das gesamte Universum sehr Grundlegendes beschreibt: den Zusammenhang von Ursache und Wirkung oder Aktion und Reaktion. Eine für unsere Zwecke ausreichende, knappe Formulierung dieses Gesetzes könnte so lauten:

Jede Aktion erzeugt eine Reaktion, die der Aktion exakt entspricht.

Im Hinblick auf Ihre Überzeugungen besagt das metaphysische Gesetz von Ursache und Wirkung: Jede Ihrer Überzeugungen hat das Bestreben, sich zu bewahrheiten, indem sie Ihnen etwas zu tun oder zu unterlassen eingibt, was dann zu bestätigenden Ereignissen führt. Beispiel: Wenn Sie etwas nicht für möglich halten, werden Sie gar nicht erst versuchen, es zu erreichen.

Bis Mitte der Fünfzigerjahre des vorigen Jahrhunderts war die Welt ziemlich einhellig der Meinung, kein Sportler werde es je schaffen, eine Meile in weniger als vier Minuten zurückzulegen. Es gab zu jener Zeit sogar Ärzte, die behaupteten, die Physiologie des Menschen würde einer solchen Beanspruchung nicht standhalten, weshalb alle Rekordversuche lebensgefährlich seien. Und es gab Ingenieure, die sagten, schon aus aerodynamischen Gründen sei es Menschen nicht möglich, eine Meile in weniger als vier Minuten zurückzulegen.

Offenbar war diese Überzeugung richtig, denn Tausende versuchten, die magische Grenze zu überschreiten, aber keinem gelang es. Es handelte sich mit anderen Worten um das, was wir ein Paradigma nennen, um die Grundanschauung einer ganzen Epoche. Paradigmen sind ungemein einflussreich, und zwar unabhängig davon, ob sie zutreffen oder nicht. Wer an das Paradigma glaubt, hält es für unbedingt gültig, und das macht es doppelt schwer, die von einem Paradigma definierten Grenzen zu überschreiten.

Heute dagegen sind Zeiten von unter vier Minuten für die Meile völlig normal. Sind die Läufer schneller oder stärker geworden? Nein, sie glauben heute ganz einfach, dass es möglich ist. So geht es jedem Paradigma und jeder Überzeugung, wenn erst einmal eine Bresche in den »Damm« geschlagen wurde. Alles ergießt sich durch die Bresche – und ein neues Denken entsteht.

Auch Sie können mit Ihren alten Paradigmen aufräumen, die Ihnen immer sagen wollen, was die Ereignisse in Ihrem Leben bedeuten, wie das Leben Sie »behandelt« und wie es mit Ihren Glückschancen steht. Sie können die Verantwortung für Ihr Denken übernehmen und selbst bestimmen, welchen Verlauf Ihr Leben weiterhin nimmt.

Mein Geist ist der Zügel.

Buddha

5 ACHTSAMES GLÜCK

Nichts ist für den Verlauf Ihres Lebens so wichtig wie Ihre Geistesverfassung. Wenn ich »Geist« sage, meine ich nicht das Gehirn, diese Anhäufung von Nervengewebe im oberen Teil Ihres Schädels, sondern das in Ihnen, was denkt und wahrnimmt. Zwar benutzen Sie diese Anhäufung von Nervengewebe zum Denken, aber bewerkstelligt wird das Denken von einem anderen Teil Ihrer selbst. Dieser Teil könnte außerhalb oder innerhalb Ihres Gehirns liegen. Vielleicht denken Sie sogar mit dem ganzen Körper (auf diese Möglichkeit kommen wir gleich noch zurück).

Sie haben wahrscheinlich schon etwas an sich bemerkt, was man gemeinhin als den »Beobachter« bezeichnet, etwas, das aus einer gewissen Distanz zusieht, während Sie mit Ihrem Leben beschäftigt sind. Dieser Teil beherbergt auch Ihre Überzeugungen – Ihre Anschauungen

über die Welt, die universalen Gesetze, Ihre Mitmenschen und Ihre Rolle im Leben sowie Ihre persönlichen Wertvorstellungen. All diese Überzeugungen bilden zusammen das, was ich Ihr »Weltbild« nenne.

Heute besteht viel Grund zu der Annahme, dass Körper, Psyche und Verstand sehr eng zusammenwirken. Und das ist kein neuer Gedanke. Die wirklich begabten Heilkundigen haben ihren Patienten eigentlich immer schon gesagt, dass ihr Lebenswille ein besonders wichtiger, wenn nicht der wichtigste Faktor im Heilungsgeschehen ist. Der griechische Arzt Hippokrates, der als Vater der abendländischen Medizin gilt, sagte seinen Schülern schon vor gut 2400 Jahren, dass negative Gemütsregungen Krankheiten verursachen und gute, erfreuliche Gefühle den Ausschlag für die Genesung geben.

Wenn etwas Bevorstehendes Sie mit froher Erwartung erfüllt oder wenn Sie generell eher hoffnungsvoll gestimmt sind, gibt das Ihrem Immunsystem enormen Auftrieb, und Sie werden sich bester Gesundheit erfreuen. Sind Sie dagegen mutlos, traurig, unglücklich, einsam, deprimiert und voll des Jammers, so wird Ihr Immunsystem auch dem wie ein Spiegelbild entsprechen.

Die neuere Forschung konnte sogar nachweisen, dass unser Denken Einfluss auf die in jedem Moment stattfindende Reproduktion unserer Zellen hat.

Sie werden mir hoffentlich nachsehen, dass wir uns jetzt kurz der vereinfachten Darstellung eines eigentlich sehr komplizierten Prozesses zuwenden müssen. Das ist wichtig, um zu verstehen, weshalb unsere Gedanken, Gefühle und Überzeugungen so viel Macht haben.

DAS KÖRPERGEHIRN

Denke mit dem ganzen Körper.

Taisen Deshimaru

Der Körper ist unser einziges Zuhause im Universum. Er ist unser Haus der Zugehörigkeit zu dieser Welt. Er ist ein sehr heiliger Tempel. Zwischen Körper und Gehirn findet ein stetiger Austausch statt. Kennen

Sie dieses »sinkende« Gefühl im Bauch, wenn Ihnen plötzlich etwas sehr Unangenehmes einfällt? So sieht die Kommunikation zwischen Gehirn und Körper aus.

Die neuere Forschung lässt erkennen, dass Signale nicht nur vom Gehirn zu den Zellen gesendet werden, sondern die Kommunikation auch umgekehrt läuft: von den Zellen zum Gehirn und zu anderen Teilen des Körpers. Und nach den allerneuesten Entdeckungen denken wir nicht mit dem Gehirn allein, sondern auch mit dem Körper. Man könnte ohne Übertreibung sagen, dass der ganze Körper zum Gehirn gehört. Das ist vielleicht ein verblüffender neuer Gedanke, aber weisen Sie ihn nicht gleich zurück. Viele Wissenschaftler glauben heute, dass wir eigentlich ein »Körpergehirn« sind.

In dem schier unglaublichen Kommunikationssystem unseres Körpers spielen die Zellrezeptoren eine Schlüsselrolle. Eine Zelle unseres Körpers kann Millionen von Rezeptoren an ihrer Oberfläche haben, und es können etwa siebzig verschiedene Typen von Rezeptoren sein. Candace Pert wies als erste Wissenschaftlerin die Existenz dieser Rezeptoren nach, als sie Anfang der

Siebzigerjahre des vorigen Jahrhunderts den Opiatrezeptor entdeckte. Rezeptormoleküle sind in die aus Phospholipidmolekülen aufgebaute fettähnliche Zellmembran eingelagert und reichen tief in die Zelle hinein. In ihrem wunderbaren Buch *The Molecules of Emotion* (deutscher Titel: *Moleküle der Gefühle*) schreibt Candace Pert: »Das Leben einer Zelle, was sie von Augenblick zu Augenblick ›macht‹, hängt davon ab, was für Rezeptoren sie an ihrer Oberfläche hat und ob diese Rezeptoren von Liganden besetzt sind oder nicht.«[1] Liganden sind Moleküle, die an Zellrezeptoren andocken.

Es gibt drei chemische Grundtypen von Liganden: Neurotransmitter, Steroide und – für uns hier besonders interessant – Peptide. 95 Prozent aller Liganden könnten nach den Worten von Dr. Pert Peptide sein. Rezeptoren und ihre Liganden, sagt sie, »werden inzwischen als ›Informationsmoleküle‹ betrachtet, als Grundeinheiten einer Sprache, die von allen Zellen des Körpers beherrscht wird, sodass Kommunikation zwischen allen Systemen des Körpers – etwa dem endokrinen System, dem Nervensystem, dem Verdauungssystem, ja sogar dem Immunsystem – möglich ist.«[2]

Inzwischen wissen wir auch, dass Peptide im Hypothalamus, einer ganz erstaunlichen Drüse in der Gehirnmitte, produziert werden und dass die Art der hier erzeugten Moleküle von unseren Gedanken und Gefühlen abhängt. Ihr Hypothalamus produziert also Moleküle, die er von Ihrem jeweiligen Gefühl »abkupfert«, sei es Wut, Hass, Traurigkeit, Frustration und Depression oder Freude, Begeisterung und Glück.

Die Peptide werden zunächst zur Hirnanhangsdrüse oder Hypophyse geleitet und dann in den Blutstrom entlassen, der sie zu den zwanzig bis dreißig Billionen Zellen Ihres Körpers trägt (etwa zehntausend menschliche Körperzellen von durchschnittlicher Größe würden in einen Stecknadelkopf passen). Sie docken an den Zellen an und lösen winzige physiologische Reaktionen aus, die sich aber summieren und in »deutliche Änderungen des Verhaltens, der körperlichen Aktivität, ja in Stimmungsumschwünge«[3] münden können. Kurzum, die Peptide sind »von weit reichender Bedeutung für die Regulation praktisch aller Lebensprozesse«.[4] Die an den Rezeptoren einer Zelle andockenden Peptide übernehmen sozusagen das Kommando und legen unter anderem fest, ob die Zelle sich teilen wird und von welcher Zusammensetzung neue Zellen sein werden – wie ein Kapitän, der an Bord kommt und Befehle gibt.

In dem Film *What the Bleep Do We Know!?* erfahren wir von Joseph Dispenza, dass Tochterzellen nicht immer Klone der Mutterzelle sind, sondern mehr Rezeptoren für eben jene Peptide besitzen, die der Mutterzelle den Impuls zur Teilung gaben. Hat die Mutterzelle vor der Teilung überwiegend von depressiven Gefühlen erzeugte Peptide aufgenommen, werden die Tochterzellen mehr Rezeptoren für solche »Unwohl-Peptide« und weniger für »Wohlfühl-Peptide« besitzen.

Wo Gewebswachstum stattfindet, wo beschädigte oder abgestorbene Zellen ersetzt werden müssen, werden ständig neue Zellen durch Teilung gebildet. Man schätzt, dass pro Minute etwa dreihundert Millionen solcher Zellteilungen im menschlichen Körper stattfinden. Jeden Tag sterben zwei Prozent unserer Blutzellen ab und werden durch frische ersetzt. Alle zwei Monate hat sich Ihr Blut vollkommen erneuert.

Nehmen wir nun alles zusammen, was wir über Peptide, Rezeptoren und den Stellenwert unserer Gefühle und Gedanken wissen, so lässt sich vielleicht schon ahnen, was es bedeutet, dass neue Zellen unseren Gedanken und Gefühlen entsprechend gebildet werden. Angenommen, Sie seien eine Stunde lang deprimiert gewesen. In dieser Zeit hat Ihr Körper etwa achtzehn Milliarden neue Zellen gebildet, die reichlich Rezeptoren für Unwohl-Peptide und viel weniger für Wohlfühl-Peptide aufweisen. Stellen Sie sich Aberbillionen von Rezeptoren vor, die alle die Hände um den Mund legen und »Mehr Depression bitte!« rufen. Trübe Gedanken erzeugen demnach sozusagen eine physiologische Vorliebe für Trübsinn. Es entsteht ein vermehrter *Bedarf* an trüben Gedanken. Wir werden süchtig nach Trübsinn.

Die Gesamtzahl der Rezeptoren in Ihrem Körper übersteigt jedes Vorstellungsvermögen. Sie sind, man kann es wirklich so sagen, ein einziger großer Rezeptor. Und wenn wir beim Beispiel Depression bleiben, ist es tatsächlich so, dass Sie nach dieser Verfassung süchtig werden können, weil Ihr Körper immer mehr von dem anfordert, was er bekommen hat. Er hat buchstäblich

»Geschmack« an der Niedergeschlagenheit gefunden. Wenn Sie jedoch eine positive Lebenshaltung haben und glücklich sind, sorgen Sie damit für die Vermehrung von Rezeptoren, die einen auf Glücksgefühle eingestellten Körper erzeugen.

Je mehr Sie sich bestimmten Gefühlen und Verhaltensweisen hingeben, desto größer wird Ihr Verlangen danach.

Und das gilt für alles, für Depression und Süchte aller Art ebenso wie für Gefühle wie Zorn oder Fröhlichkeit. So können wir beispielsweise süchtig nach Zorn werden, weil dieses Gefühl sich über seine körperlichen und psychischen Folgeerscheinungen selbst fortsetzt. Es erzeugt Adrenalin, einen stark anregenden Stoff. Wir werden geradezu abhängig von diesem Gefühl, weil es uns Anregung verschafft. Also streiten wir mit unserem Ehepartner oder mit Freunden, mit Kollegen, mit jedem, der auf unsere Angriffslust eingeht.

Es spielt keine Rolle, was für ein Verlangen sich da verselbständigt haben mag – nach Nervenkitzel, Ärger, Depression, Freude oder nach den Gefühlen, die wir uns mit Suchtdrogen oder Alkohol verschaffen können. Am Ende läuft jedes zur Sucht gewordene Verlangen darauf hinaus, dass unser Körpergehirn die Befriedigung wünscht und einfordert.

Die Folgerungen aus diesen Erkenntnissen, die beschreiben, wie unsere Gedanken und Gefühle unsere Zellen bilden und konditionieren und wie unsere Zellen kommunizieren, sind atemberaubend. Überlegen Sie einmal. Was haben Ihre Zellrezeptoren Ihrem Körper heute den ganzen Tag mitgeteilt?

AUCH GLÜCK WIRD ZUM SELBSTLÄUFER

Das Edelste aber ist die Zähmung des eigenen Geistes.

Atisha

Sie erschaffen sich selbst mit Ihren eigenen Gedanken und Gefühlen, und das ist letztlich eine gute Nachricht. Jetzt, da Sie über den Zusammenhang informiert sind, können Sie Ihre Gefühle und Gedanken gezielt so einsetzen, dass sie einen eher zu wohligen Gefühlen neigenden Körper erzeugen. Das geht nur auf eine Art und Weise: indem Sie sich wohlfühlen.

Wenn Sie einen Körper möchten, der mehr zu Glück und weniger zu Traurigkeit neigt, dann seien Sie glücklich.

Das ist keineswegs unrealistisch, denn wir machen uns hier die Tatsache zunutze, dass unser Gehirn nicht immer klar zwischen bloß vorgestellten und tatsächlichen Erfahrungen unterscheidet. Manche Leute brauchen sich nur das quietschende Geräusch von Kreide auf einer Tafel vorzustellen, schon bekommen sie eine Gänsehaut. Anderen zieht es den Mund zusammen, wenn sie nur an den Geschmack von Zitronen denken. Träume sind ein weiteres gutes Beispiel. Wenn Sie im Traum etwas Bedrohliches erleben, sind Sie genauso verängstigt, als geschähe es Ihnen am helllichten Tag.

Heutzutage lassen sich die Vorgänge im Gehirn recht gut mit der sogenannten Positronenemissionstomographie verfolgen. An der Harvard University wurde mit diesem Verfahren experimentiert, und es stellte sich heraus, dass der Anblick eines Fotos von einem Baum dieselben Hirnareale bei den Probanden aktivierte wie die bloße Vorstellung von einem Baum.[5] Analog können Sie sich vorstellen, dass eine Krankheit, an der Sie leiden, heilbar ist: Ihr Körper, Ihr Immunsystem, Ihr Geist, ja alles an Ihnen antwortet dann mit Heilungsenergie, mit einer vorwärts treibenden Kraft, die »Ja« zur Heilung sagt.

Unser Geist vermag sehr viel. Sie haben vielleicht schon den Satz gehört: »Was man sich vorstellen kann, ist auch erreichbar.« Oder in der zugespitzten

Formulierung von Henry Ford: »Ob du glaubst, dass du es kannst, oder glaubst, dass du es nicht kannst, du wirst immer Recht behalten.« Wenn Sie ein Ziel für erreichbar halten, werden Sie sich beherzt ans Werk machen. Wenn Sie es für nicht erreichbar halten, werden Sie nicht einmal anfangen. Dann mag Ihnen sogar Hilfe angeboten werden, doch solange Sie das Ziel für unerreichbar halten, können Sie nichts damit anfangen und werden die Hilfe zurückweisen.

Vor sieben Jahren wurde ein damals etwa dreißigjähriger Mann von Straßenräubern überfallen und schwer verletzt. Sie schlitzten ihm den Arm von der Schulter bis zum Ellbogen bis auf den Knochen auf und durchtrennten dabei Muskeln, Sehnen und Bänder, Venen, Arterien und Nerven. Der Mann litt später noch jahrelang an starken Schmerzen in Arm und Schulter. Die Ärzte, an die er sich wandte, verschrieben ihm Vicodin, ein starkes Schmerzmittel aus einem Opiumderivat und Paracetamol. Das dämpfte den Schmerz zwar, aber er war immer sofort wieder da, wenn die Wirkung des Medikaments nachließ.

Deshalb nahm der Mann das Medikament praktisch ständig ein und wurde süchtig. Aber diese Abhängigkeit gefiel ihm gar nicht, weshalb er auch bei Neurochirurgen und Psychiatern Hilfe suchte. Innerhalb von drei Jahren konsultierte er fünfzehn Neurochirurgen, doch keiner konnte ihm helfen. Der letzte ließ ihn wissen: »Sehen Sie, das nennt man Neuropathie. Die Nerven in Ihrem Arm degenerieren, und Sie werden diese Schmerzen Ihr Leben lang haben. Ich kann Ihnen nur noch raten, eine spezialisierte Schmerzklinik aufzusuchen.« So niederschmetternd diese Auskunft auch war, unser Mann weigerte sich einfach zu glauben, dass keine Besserung möglich sei.

Vor jetzt ungefähr drei Jahren rief er bei *Passages* an. *Passages* ist ein Suchtrehabilitationszentrum in Malibu, Kalifornien, das ich zusammen mit meinem Sohn gegründet habe. Und ich war es auch, der den Anruf entgegennahm. Ich erzählte ihm von unserem Programm der körperlichen Rehabilitation und von dessen Leiterin, Dr. Lyn Hamaguchi, die von einem Arzt für Traditionelle Chinesische Medizin in Akupunktur und anderen chinesischen Heilweisen ausgebildet worden war. Ich erzählte ihm von den erstaunlichen Heilungen, zu denen sie maßgeblich beigetragen hatte, und machte ihm Hoffnung, dass sie auch für ihn etwas tun könne – trotz allem, was die Neurochirurgen gesagt hatten.

Er glaubte mir und kam. Mit einer einzigen Behandlung konnte Dr. Hamaguchi ihn von einem Großteil seiner Schmerzen befreien. Danach überwand er seine Vicodinsucht mühelos, weil er keine Schmerzdämpfung mehr benötigte. Natürlich war seine Behandlung damit noch nicht abgeschlossen. Er musste sich auch seelisch mit den drei Jahren auseinandersetzen, in denen er erfolglos nach Heilmitteln für seinen Zustand gesucht hatte und die er jetzt als verlorene Zeit empfand. Und er musste sich mit der Erinnerung an den Überfall aussöhnen, um seinen Zorn auf die brutalen Täter überwinden zu können.

Was wäre wohl aus ihm geworden, wenn er den Ärzten geglaubt und sich in sein Schicksal gefügt hätte? Er wäre sicher in Dauerbehandlung, immer auf der Suche nach Schmerzlinderung und wahrscheinlich nach wie vor von Vicodin oder anderen Schmerzmitteln abhängig. Nach unserer Behandlung sind bis heute keinerlei Anzeichen einer Sucht mehr bei ihm aufgetreten.

WERTVOLLE GEFÄHRTEN

Verbünde dich nur mit wertvollen Gefährten,
auch wenn das Schmerz und Einsamkeit bedeuten mag.
Dogen

Bei allem, was Sie im Leben erreichen möchten, gibt es kaum etwas Wichtigeres, als sich mit Menschen zu umgeben, die für möglich, ja für wahrscheinlich halten, dass Sie erreichen werden, was Sie anstreben. Mein Sohn und ich haben, wie erwähnt, zusammen das Suchtrehabilitationszentrum *Passages* gegründet und leiten es auch gemeinsam. Unsere Erfolgsquote ist besser als die jedes anderen uns bekannten Suchtprogramms. Außerdem haben wir ein ganzheitliches Drei-Schritte-Programm entwickelt, das die Patienten an ihrem Wohnort in Zusammenarbeit mit geeigneten Therapeuten selbst umsetzen können. Bei einem dieser Schritte geht es um nichts anderes als die Kraft unseres Geistes und unserer Überzeugungen. Und das ist für alle, die zu uns kommen, der entscheidende Schritt. Sobald ein neuer Klient das Zentrum betritt, fassen unser Therapeutenteam und ich den klaren Entschluss, dass dieser Mensch zu vollkommener Ausgeglichenheit, perfekter Gesundheit und neuer Lebenslust zurückfinden wird. Die Erfahrung lehrt uns, dass zwar alles von der Haltung des Klienten abhängt, die Einstellung der Therapeuten aber auch extrem wichtig ist. Ein Therapeut oder Arzt, der nicht an Heilung glaubt, wird auch nicht von Heilung sprechen oder Heilung anvisieren – und höchstwahrscheinlich auch keine Heilung erzielen. Damit nicht genug, wird er den Klienten auch noch mit seinem Pessimismus infizieren und ihn glauben machen, er sei für den Rest seines Lebens zu Medikamenten-, Alkohol- oder Drogensucht verdammt.

Solche Anschauungen untergraben natürlich jeden Fortschrittswillen und lassen eine mögliche Besserung gar nicht erst zu. Einen positiven Effekt haben sie allenfalls dann, wenn sie den Klienten so wütend machen, dass er diesen Unsinn einfach zurückweist und es darauf anlegt, seinen Therapeuten zu beweisen, dass sie Unrecht haben.

Würden Sie sich mit Feuereifer in die Behandlung irgendeines Leidens stürzen, wenn Sie glaubten, dass ohnehin nichts mehr zu retten ist? Und was würden Sie von einem Therapeuten, der so etwas glaubt, an Therapie erwarten? Wie würden Ihr Körper und Ihre Psyche wohl reagieren, wenn Sie von Psychologen, Psychiatern und Suchtberatern umgeben wären, die sich dem Aberglauben »Einmal süchtig, immer süchtig« verschrieben haben und Ihren ersten Entzug einfach als einen von vielen noch kommenden sehen?

Da wäre Ihnen doch sofort alle Hoffnung genommen. Und das ist traurig, denn Hoffnung – die Hoffnung auf Heilung, die Hoffnung auf Rückkehr zu einem normalen, gesunden Leben ohne große Nöte – ist *die* treibende Kraft für vollständige Genesung.

Halten wir jetzt Heilkundige und Therapeuten dagegen, die immer an die Möglichkeit der Genesung glauben. Sie werden von Heilung sprechen, nach Heilmethoden suchen und viel eher tatsächlich eine Heilung bewirken. Vor allem aber werden sie in ihren Patienten den Glauben stärken, dass Heilung nicht nur möglich, sondern sogar wahrscheinlich ist und dass sie zu genau denen gehören, die vollkommen gesund werden. Dieser Glaube allein führt uns in das Bewusstsein unserer eigenen Kraft zurück und bahnt die Heilung an. So hält also jeder in unserem Therapeutenteam jederzeit die Vision aufrecht, dass jeder einzelne unserer Klienten vollständig wiederhergestellt wird, und ich glaube, das ist die Erklärung für unsere hohe Erfolgsquote.[6]

Nach diesem Muster der Heilung von einer Sucht funktioniert eigentlich alles im Leben. Wenn Sie Menschen um sich haben, die nicht an Ihre Ziele glauben, die Ihre positive Einstellung für unrealistisch halten und Sie ständig »auf den Boden der Tatsachen zurückholen« wollen, wird es Ihnen nicht leicht fallen, sich glaubhaft gegenwärtig zu halten, dass Sie es schaffen werden und Glück Sie erwartet.

Die Qualität Ihres Lebens hängt wesentlich davon ab, wem Sie Einlass in Ihren Lebenskreis gewähren. Wie schon der Buddha sagte: »Wer sich mit Unwissenden einlässt, wird viel zu leiden haben. Die Gesellschaft Unwissender ist immer leidvoll, die Gesellschaft der Weisen stets eine Freude.«

Beuge dich der Natur der Dinge, und du wirst
in Freiheit und Gelassenheit wandern.
Seng-tsan

6 WIE ES WIRKLICH ZUGEHT IN DER WELT

Die Weisen der alten Zeit ließen sich von der Natur zeigen, wie man ein glückliches Leben führt. Für sie war die Einheit mit der Natur, der Einklang mit ihren Rhythmen und Abläufen, der Schlüssel zum inneren Frieden. Wer Sinn für die Natur hat und die Gesetze des Universums erfasst, wird auch sein eigenes wahres Wesen besser verstehen, sich den Zyklen seines Lebens anvertrauen und Glück finden.

In diesem Kapitel werden Sie einiges über die im Universum gültigen Gesetze erfahren und daraus ein neues Weltbild ableiten können – ein Weltbild, das Ihnen wirklich nützt, weil es auf Tatsachen fußt. Wenn Sie diesem Weltbild gemäß handeln, werden Sie sich Ihr Glück selbst erschaffen. Das funktioniert wirklich, ausnahmslos.

Die Zukunft mag Ihnen unvorhersehbar erscheinen, vielleicht beängstigend, nichts Gutes verheißend und nicht zu steuern, als säßen Sie in einer von allzu temperamentvollen Pferden gezogenen Kutsche und hätten keine Ahnung, wie man mit Pferden umgeht. Wird die Kutsche bei dieser wilden Fahrt womöglich umkippen, über den Rand eines Abgrunds jagen, irgendwo in der Wildnis landen – oder bringt sie Sie unversehrt an Ihr Ziel?

Sie wissen nicht, wie man diese Pferde lenkt oder auch nur anhält. Ihnen wird angst und bange. Aber Sie können lernen, die Pferde zu zügeln und zu beherrschen. Dann folgen sie Ihren Anweisungen und bringen Sie, wohin Sie wollen.

Sie werden das ganz entspannt und selbstsicher handhaben, weil Sie wissen, dass Sie alles auf Ihrem Weg selbst bestimmen. So läuft das Leben, wenn Ihr Weltbild auf Tatsachen beruht. Sie wissen, was zu tun ist, um das Erwünschte herbeizuführen – und werden nicht enttäuscht.

Lassen Sie sich keine grauen Haare wachsen, wenn Sie feststellen, dass Sie diese Gesetze bisher nicht gekannt haben. Sobald Sie Ihr Leben an einem

Weltbild ausrichten, das mit den universalen Gesetzen übereinstimmt, wird das Leben Ihnen so viel Freude machen, dass Sie nur noch entwaffnet lachen können. Sie werden das Gefühl haben, Sie wären Ihr Leben lang rückwärts gefahren und hätten jetzt plötzlich entdeckt, dass es auch Vorwärtsgänge gibt, mit denen man so viel schneller und bequemer vom Fleck kommt!

Um zu verstehen, wie diese Welt funktioniert, müssen wir uns erst einmal ihre Natur deutlich machen. Den Weisen des Ostens, die im Einklang mit der Welt zu leben bemüht waren, ging auf, dass wir genauso zum unverzichtbaren Bestand dieses Universums gehören wie die Sterne, die Berge, die Meere, die fernen Galaxien und alles, was sonst noch existiert. Wir gehören zum Universum wie unsere Hände zu uns; und wie wir jede kleinste Berührung an unserer Hand spüren, so »spürt« das Universum alles, was uns widerfährt.

Alles wird aus ein und demselben Energiereservoir »geschöpft«, weshalb im Grunde alle Dinge gleich sind, auch wenn sie im Erscheinungsbild deutliche Unterschiede aufweisen. Denken Sie an Wasser, das zu Abermilliarden verschiedenen Formen gefrieren kann, die doch alle aus Wasser sind.

Trennung ist Illusion.

Der indische Weise Swami Vivekananda (1863-1902) drückte es in seinem Buch *Jnana-Yoga* so aus: »Es existiert nur *ein* Leben, *eine* Welt, *ein* Sein. Alles ist dieses Eine ... Wer vermöchte einen Wesensunterschied zwischen der Welle und dem Meer auszumachen?« Das gesamte Universum, fährt er fort, ist dieses eine Sein, aber »Name und Form haben all die Unterschiede hervorgebracht«. Auch der buddhistische Text *Bardo Thödol* (im Westen meist als »Das tibetische Totenbuch« bezeichnet) lehrt, dass unser Geist selbst die Illusion der Trennung erzeugt, uns aber auch davon befreien kann: »Trennung ist nicht die Wahrheit ... Der Geisteszustand, der alle Dualitäten transzendiert, führt Befreiung herbei. Blicke immer wieder in deinen eigenen Geist.«

Auch Laotse hat diese Wahrheit vor über 2500 Jahren in seinem *Tao-Te-King* ausgesprochen: »Worte können das Sein nicht erfassen ... Ob einer leidenschaftslos das Innerste des Lebens schaut oder voller Leidenschaften seine Oberfläche erblickt, im Grunde sind das Innerste und die Oberfläche dasselbe, nur dass Worte das Erscheinende benennen möchten und so den Anschein von Unterschied hervorrufen. Wo ein Name gebraucht wird, benennt ›Wunder‹ beides. Vom Wunder ins Wunder öffnet sich das Sein.«[1]

IHR PERSÖNLICHES WELTBILD

Hindurchblicken zum wahren Wesen,
das ist das Fenster der Erleuchtung.
Hakuun Yasutani Roshi

Diese Erde gab es schon vor unserer Geburt. Und es gab Gesetze, universale Gesetze, denen alles auf und in diesem Planeten und über ihn hinaus unterliegt, auch wir. Diese Gesetze, die immer da waren, werden sich im Laufe unseres Lebens nicht ändern und nachher auch nicht.

Mit diesen Gesetzen machten wir bald nach unserer Geburt Bekanntschaft. Sollten wir uns eingebildet haben, durch einen Baum gehen zu können, wurden wir schnell eines Besseren belehrt. Wenn wir der verlockenden Vorstellung, wie ein Vogel zu fliegen, nachgingen, brachte uns die unsanfte Landung auf den Boden der Tatsachen zurück. Und wenn wir dachten, wir könnten uns über die Rechte und Bedürfnisse anderer einfach hinwegsetzen und trotzdem Freunde gewinnen, fanden wir bald heraus, dass es so offenbar nicht geht. Wir mussten feststellen, dass andere unser Verhalten überhaupt nicht schätzten, oder wir beobachteten in unserer Umgebung, wie andere mit ihrer Rücksichtslosigkeit auf Ablehnung stießen. Waren wir dagegen nett zu anderen, stellte sich heraus, dass sie es mochten. Und so schlossen wir Freundschaften.

Universale Gesetze sind nicht zu brechen. Das unterscheidet sie von Gesetzen, die der Mensch gemacht hat. Wir können froh sein, dass es so ist, denn so haben wir Gesetze, auf die wir uns wirklich verlassen können. Ein Beispiel ist das Gesetz von Ursache und Wirkung, von dem bereits die Rede war: »Jede Aktion bewirkt eine Reaktion, die der Aktion genau entspricht.« Lass einen Stein in den Teich fallen, und er wirft Wellen, jedes Mal. Je größer der Stein, desto höher die Wellen. Bring eine Eichel in den Boden, und es wird eine Eiche wachsen, nie eine Weide. Wer zu viel isst, wird dick. Wer gemein ist, hat wenig Freunde. Wer sich nicht gut ernährt, wird krank. An den Folgen ist die Ursache zu erkennen. Diese Wahrheit kann niemandem endlos lange verborgen bleiben.

Wenn Sie nicht überwiegend glücklich sind, suchen Sie das Glück vermutlich da, wo Sie es zu suchen gelernt haben, wo es aber nicht ist. Oder es gibt irgendwelche Umstände in Ihrem Leben, die Sie unglücklich machen. Diese Umstände können einfach darin bestehen, dass Sie sich angewöhnt haben, unglücklich zu sein. Doch, das gibt es. Manche von uns sind so lange unglücklich und zwischendurch so selten glücklich gewesen, dass ihnen das Unglücklichsein zur Gewohnheit, sozusagen zur zweiten Natur geworden ist. Das Gesetz von Ursache und Wirkung besagt hier: Wenn Sie die wahren Bedingungen des Glücks ausfindig machen und Ihr Wissen in die Tat umsetzen, können Sie glücklich sein, das ist vollkommen sicher. Und wenn Sie umgekehrt die Gründe für Ihr Unglücklichsein ausfindig machen, können Sie lernen, wie man es vermeidet, diesen Zustand herbeizuführen.

Kurzum, wenn Ihr Denken dem universalen Gesetz widerspricht, wie stehen dann wohl die Chancen für Ihre Suche nach Glück? Nehmen wir an, Sie glaubten, dass man Kopfschmerzen am besten durch Bearbeitung des Schädels mit einem Hammer loswird. Da würden Sie sehr schnell herausfinden, dass Ihr Glaube in der Realität einfach nicht funktioniert. Sie sind nämlich von einer Annahme ausgegangen, die nicht dem universalen Gesetz entspricht. Und so erreichen Sie erstens nicht das, was Sie sich vorgestellt haben, und zweitens verletzen Sie sich auch noch, was sicher nicht zur Entspannung der Lage beiträgt. Mit falschen Lösungsansätzen erreichen Sie kein Ziel, Glück schon gar nicht.

Ein Weltbild, das die tatsächlichen Verhältnisse in der Welt abbildet, wird Ihnen in allem, was das Leben mit sich bringt, Rückhalt bieten.

Ein solches Weltbild erspart Ihnen kostspielige Fehler, Übellaunigkeit und unnötige Leiden. Außerdem wird es Ihnen helfen zu erkennen, dass Umstände und Ereignisse, die Sie über Wochen und Monate oder sogar Jahre beklagt haben mögen, das Beste waren, was Ihnen passieren konnte.

SEGEN ODER FLUCH?

Der Weise versteht alles zu einem harmonischen Ganzen zu fügen. Verwirrung und Trübsinn beachtet er nicht, das Schlichte und das Verehrungswürdige gelten ihm gleich viel.

Chuangtse

Alles im Leben lässt Ihnen die Wahl, es als »Pech« zu sehen und zu verfluchen oder als »Glück« willkommen zu heißen. Ich hatte das Glück, lernen zu können, dass nur eine dieser beiden Alternativen uns glücklich macht – und befähigt, auch anderen dabei zu helfen. Ich habe gelernt, dass es unglückselige Ereignisse einfach nicht gibt. Das wurde mir sehr, sehr klar, als ich eines Tages bäuchlings und mit dem Gesicht im Erdreich am Boden einer Schlucht lag.

Mein Sohn Pax und ich waren auf der Suche nach Felsbrocken, die wir für die Gestaltung einer Gartenlandschaft brauchten. Unsere Fahrt führte uns durch einen Canyon bei Malibu, als ich eine interessant aussehende Felszacke sah, die über den Rand einer gut zehn Meter tiefen Schlucht hinausragte. Ich stieg aus und stellte fest, dass der Brocken insgesamt gut einen halben Meter lang war und tief im Erdreich steckte. Ich konnte mich an ihm festhalten und stieg in die Wand der Schlucht ein, wobei ich zunächst etwas Erdreich wegtrat, um einen kleinen Standplatz zu haben, von wo aus ich den Felsbrocken hochdrücken konnte. Ich trug Tai-Chi-Schuhe mit Baumwollsohlen, und das Erdreich war noch feucht vom Morgentau.

Der Stein wog einen guten Zentner, aber es gelang mir, ihn aus der Erde zu hebeln. Ich drückte ihn hoch, bis er fast aufrecht stand und der nächste Schubs ihn auf die Straße kippen lassen würde. Genau in diesem Augenblick verloren meine Füße den Halt, und ich rutschte in rasender Fahrt nach unten, blieb jedoch aufrecht, weil ich mit den Händen Kontakt zur Wand halten konnte.

Was ich nicht wusste: Der Stein war nicht auf die Straße gekippt, sondern stürzte mir nach, wobei er wegen seiner Dreiecksform immer wieder aufschlug.

Er traf mich – ich stand, wie gesagt, aufrecht – mit der flachen Seite mitten auf den Kopf. Ich wurde mit solcher Wucht zu Boden gestreckt, dass ich mir zwei Knochen der linken Hand brach und beide Knie aufschlug. Dann lag ich mit dem Gesicht nach unten da und konnte weder richtig atmen noch mich bewegen, weil meine gesamte Wirbelsäule heftig gestaucht war.

Was, glauben Sie, ging mir durch den Kopf, während ich so im Dreck lag? Ich will es Ihnen verraten, muss aber ein wenig ausholen, damit meine Antwort Ihnen etwas sagt und Sie vielleicht ahnen können, was das ist: ein Weltbild, das abbildet, wie es wirklich zugeht in der Welt.

Als Teenager und junger Erwachsener von Anfang zwanzig kannte ich keinerlei Moral. Meine Mutter, Bea, Tochter einer armen deutschen Familie, war

1900 in New York geboren worden. Mit fünfzehn wurde sie vergewaltigt und geschwängert. Man zwang diesen wesentlich älteren Mann, sie zu heiraten. Damit begann für sie die Hölle. Sie hasste ihren Mann für das, was er ihr angetan hatte, und er hasste sie auch, weil sie sich so hart und kalt machte, wie sie es für nötig befand, um sich gegen ihn zur Wehr zu setzen.

In den ersten beiden Jahren dieser Ehe verdiente sich Bea ein paar Pennys damit, dass sie Knöpfe an Hemden nähte. Nach drei Jahren ließ sie sich scheiden. Leider war sie mittlerweile derart verhärtet, dass sie sich einem kriminellen Leben ergab. Innerhalb weniger Jahre baute sie in New Jersey einen Hehlerring für gestohlene Autos auf, und in New York war eine ganze Mannschaft von Trickbetrügern für sie unterwegs. Kurz nach Beginn der Prohibition stieg sie zusätzlich noch in den Alkoholschwarzmarkt ein und versorgte die örtlichen Clubs mit Whiskey.

Dann kam ich zur Welt, und sie erzog mich auf die einzige ihr vorstellbare Art: Ich sollte so werden, wie sie war. Ich durfte sie nur Bea nennen, nicht Mama oder Mutter. Die erste Regel, die sie mir beibrachte, als ich dreieinhalb war, lautete: »Sag niemals die Wahrheit.« Sie sagte: »Nur Dummköpfe sagen die Wahrheit. Du kriegst nur Ärger, wenn du die Wahrheit sagst.« Daher ihr Motto: »Sag nie die Wahrheit, wenn eine gute Lüge es auch tut.« Also log und betrog und stahl ich und erntete dafür manches Lob.

Mit vier Jahren erhielt ich Unterricht in Ladendiebstahl. Das war ihr Lieblingszeitvertreib. Sie schärfte mir außerdem ein, niemandem zu trauen, vor allem Frauen nicht, und keinerlei Autorität gelten zu lassen. Zum Thema »Regeln« galt grundsätzlich, dass eigentlich nur eine Hauptregel existiert, und zwar: »Es gibt keine Regeln außer der goldenen Regel«, nämlich: »Die Regeln werden von denen gemacht, die das Gold haben.« Entsprechend sahen alle geschäftlichen Dinge bei mir später aus: zwielichtig.

Ich war allerdings eine Leseratte und stieß unter vielen anderen auch auf Bücher, die ein ganz anderes Leben schilderten. Mit fünfundzwanzig kam ich, angeregt durch diese Bücher, zu dem Schluss, dass Bea – diese wunderbare Frau, die mir so viel bedeutete – mich völlig falsch programmiert hatte und dass der eingeschlagene Weg meiner ureigenen Richtung diametral entgegengesetzt war. Wenn ich in diese falschen Richtung weiterging, würde ich mich selbst und die Menschen in meiner Umgebung ins Unglück stürzen. Das war anfangs wirklich schwer zu erkennen, denn Bea war sehr erfolgreich und hatte sogar eine gewisse politische Macht. Außerdem hatte sie es gern lustig und war über alle Maßen großzügig. Auch ich war erfolgreich, aber mich störte es, dass ich auf so krummen Wegen zu meinen Erfolgen kam.

Irgendwann beschloss ich, das zu ändern. Mir war klar, dass es in Beas Nähe kaum gelingen konnte. Also packte ich 1965 alles zusammen und zog nach Kalifornien. Ich war fest entschlossen, mein Leben völlig umzukrempeln. Als erstes nahm ich mir vor, immer die Wahrheit zu sagen. Und das zweite Versprechen, das ich mir gab, bestand darin, nie wieder jemanden zu übervorteilen. Das war zunächst nicht ganz leicht umzusetzen, denn schließlich hatte mein bisheriges Leben nur aus Lug und Trug bestanden. Meine Moral, die Richtlinien für das Leben, das ich von nun an führen wollte, musste ich mir Schritt für Schritt selbst zusammenzimmern.

Über die Jahre habe ich allmählich Fortschritte erzielt. Wenn ich jemanden belog, zwang ich mich anschließend, noch einmal zu diesem Menschen hinzugehen und die Wahrheit zu sagen. Ich machte sogar eine Reise nach New Jersey, um an den Leuten, die ich betrogen oder anderswie geschädigt hatte, eine Form von Wiedergutmachung zu leisten. Das fiel mir sehr schwer, aber ich zwang mich dazu und machte so lange weiter, bis ich mit allen Leuten gesprochen hatte, die von mir schlecht behandelt worden waren und an die ich mich noch erinnern konnte.

FALSCH GIBT ES NICHT

Eines in allem,

alles in einem –

wenn du dies nur erfasst,

sorgst du dich nie mehr, du seiest unvollkommen.

Seng-ts'an

Als ich etwa dreiunddreißig war, stieß ich auf ein uraltes chinesisches Weisheitsbuch mit dem Titel *I Ging*. Die Ursprünge der Schrift sind in China bis über die Mitte des zweiten vorchristlichen Jahrtausends hinaus zurückzuverfolgen, und das *I Ging* gehörte sicherlich zu den ersten niedergeschriebenen Texten. Davor war es mündlich überliefert worden, wahrscheinlich über Jahrtausende. Vielleicht ist das *I Ging* sogar das älteste Weisheitsbuch der Menschheit. Es blieb über all die Jahrtausende und bis heute lebendig, weil es von so immensem praktischem Wert für die Menschen war und ist. Wer es studiert, findet darin nicht nur Weisheit und guten Rat, sondern kann auch etwas über die universalen Gesetze lernen. Weil das *I Ging* vor so langer Zeit entstanden ist, war mir seine Sprache nicht zugänglich und ich verstand nicht alles. Andererseits war es mir sehr wichtig, all diese Ausdrücke zu verstehen, denn ich spürte, dass manche Geheimnisse des Universums darin verschlüsselt sind.

Im Laufe der Jahre habe ich universale Gesetze wie das von Ursache und Wirkung immer besser verstanden und folglich mehr und mehr auf das geachtet, was ich so rede und tue. Mir wurde klar, dass unser Charakter der Bogen ist, von dem wir die Pfeile der Zukunft abschnellen lassen. Viele Jahre lang habe ich täglich etliche Stunden im *I Ging* gelesen, und noch heute nehme ich mir jeden Tag ein paar Minuten dafür.

Alles unterliegt universalen Gesetzen. Das ist die Lehre, die ich daraus gezogen habe. Und als das einmal klar war, ging mir noch so manches andere über diese Welt auf, zum Beispiel dies:

Alle Gesetze des Universums zielen auf den Fortbestand des Universums ab.

Woher ich das weiß? Nun, das Universum *besteht* weiterhin. Nach den Erkenntnissen der Astrophysik besteht das Universum seit etwa acht Milliarden Jahren in seiner gegenwärtigen Form. Gäbe es auch nur ein einziges Gesetz, das in Richtung Aufhören und Ende geht, so hätte es inzwischen reichlich Gelegenheit gehabt, sich zu bewahrheiten. Da in dieser langen Zeit nichts dergleichen passiert ist, darf man wohl davon ausgehen, dass alle Gesetze in Richtung Fortbestand der Schöpfung gehen.

Wenn das Universum also auf Fortbestand angelegt ist, folgt daraus zwangsläufig, dass alles, was von Moment zu Moment geschieht, immer das Bestmögliche ist, also grundsätzlich vollkommen. Wäre dem nicht so, würde dem Universum der Untergang drohen, denn eine einzige Unvollkommenheit würde zwei weitere und dann drei und immer mehr nach sich ziehen, bis das Ganze nicht mehr funktionieren kann und zusammenbrechen muss.

Unvollkommenheit kann es demnach prinzipiell nicht geben, Unvollkommenheit existiert nicht. Das Universum war von Anfang an vollkommen, die Abermilliarden Jahre seines Bestehens zeugen davon. Folglich ist es auch weiterhin vollkommen, wird immer vollkommen sein und nie eine allererste Unvollkommenheit zulassen. Von Vollkommenheit zu Vollkommenheit zu Vollkommenheit.

Dem entspricht zum Beispiel das Gesetz von der Erhaltung der Energie: »Nichts kann je verloren gehen oder zerstört werden, es kann sich nur wandeln.« Für uns gilt das Gleiche. Da wir zum Universum gehören, gehen wir niemals verloren. Vielleicht werden wir in anderer Form oder in anderen Zuständen weiter existieren, aber wir *werden* existieren.

Wenn es Zeit wird, unseren Körper zu verlassen, werden wir unsere Persönlichkeit oder das, was man Seele nennt, vielleicht beibehalten, vielleicht aber auch nicht. Vielleicht gehen wir auch einfach im Ganzen des Universums auf. Das ist allerdings eine sehr missverständliche Ausdrucksweise, denn wie sollen wir in etwas aufgehen, wovon wir nie getrennt waren? Und wer kann mit

Sicherheit sagen, dass wir nicht auf diese Erde zurückkehren? Es könnte doch durchaus sein, dass wir wieder hier auftauchen. Wir mögen vergessen haben, wie wir hierher gekommen sind, aber die Tatsache, dass wir hier sind, beweist, dass wir den Weg kennen.

Jedenfalls werden wir in irgendeiner Form weiter existieren, und jede Form wird höchst wunderbar sein. Gibt es etwas Großartigeres, als zu diesem Universum zu gehören? Dass uns außerdem noch die Gabe der Bewusstheit zuteil geworden ist, macht das Wunderbare noch wunderbarer, fast unglaublich.

Wenn nun dieses Universum so angelegt ist, dass es immer bestehen wird, folgt daraus auch, dass es in jedem Augenblick und in allen Einzelheiten das Bestmögliche für sich selbst anstrebt. Und da jeder von uns ein inniger Bestandteil, ein Ausläufer dieses Universums ist, gilt das für uns in gleicher Weise.

Alles, was wir erleben, dient ausschließlich
unserem allergrößten Nutzen.

Das ist nicht immer leicht zu erkennen, wenn wir zum Beispiel verletzt oder gekränkt werden oder uns etwas genommen wird. Aber auch so etwas ist letztlich immer zu unserem Besten, denn das Universum lässt nicht zu, dass ihm etwas Schlechtes widerfährt – ihm nicht und uns auch nicht, denn wir sind ein Teil des Universums.

Ich habe mich also lange und intensiv mit diesen Gesetzen befasst, und schließlich begann ich, das ganze Universum als belebt und bewusst zu sehen, als etwas Lebendiges und Atmendes, das Bewusstsein besitzt und Bewusstsein *ist*. Andere geben dem Allerhöchsten Namen wie Gott, Allah, Jehova, Buddha und viele andere. Ich meine dasselbe, wenn ich einfach »das Universum« sage – unerschöpfliche Bewusstseinsenergie. Jahrzehnte lebe ich nun schon mit dieser Sicht der Dinge, und sie hat sich in allen Bereichen meines Lebens bewährt, auch wenn meine Überzeugungen der Feuerprobe unterzogen wurden, und das manchmal tagein, tagaus.

WAS DARAUS WOHL GUTES ENTSTEHEN MAG?

Der Sinn des Wandels erschließt sich dir nur,

wenn du in ihn eintauchst, wenn du mitgehst, mittanzt.

Alan Watts

Da Sie nun die Grundhaltung kennen, in der ich schon viele Jahre lebe, frage ich Sie noch einmal: Was, glauben Sie, ging mir durch den Sinn damals, als der Stein mich getroffen hatte und ich am Grund dieser Schlucht lag, wo ich weder richtig atmen noch mich bewegen konnte? Ich habe Ihnen eine Menge verraten, daher wissen Sie es bestimmt schon. Ich fragte mich: »Was daraus wohl Gutes entstehen mag?«

Pax hatte mein plötzliches Verschwinden beobachtet und kam sofort zum Rand der Schlucht gelaufen um nachzusehen, was los war. Er rutschte die steile Böschung herunter, drehte mich auf den Rücken und fragte, ob alles in

Ordnung sei. Da mein Körper nur vom Hals abwärts gefühllos war, konnte ich immerhin antworten und ächzte, ich wisse es nicht.

Während ich noch so da lag, begann es in meinem ganzen Körper zu kribbeln, wie wenn ein eingeschlafenes Bein wieder aufwacht oder man sich den Musikantenknochen gestoßen hat. Meine Bandscheiben dehnten sich, und nach und nach kehrte auch meine Bewegungsfähigkeit zurück. An den Kopf wollte ich mir allerdings lieber nicht fassen, denn ich befürchtete, dort ein riesiges Loch vorzufinden, durch das ich mir ans Hirn greifen und so selbst den Garaus machen würde. Dieses Geräusch, als der Felsbrocken auf meinem Kopf gelandet war... Stellen Sie sich vor, dass jemand einen Baseballschläger auf Ihrem Kopf zu Kleinholz haut, dann wissen Sie ungefähr, was ich meine. Mir schien es unfassbar, dass man einen solchen Schlag überleben kann.

Meine Genesung dauerte eine gute Weile, aber nach einer Woche griff ich wieder zu meinem *I Ging* und schlug es auf. Und plötzlich waren mir Dinge sonnenklar, an denen ich bisher vergeblich herumgerätselt hatte. Der Schlag auf den Kopf musste irgendwelche Kanäle geöffnet haben, durch die ich jetzt erfassen konnte, was mir vorher verschlossen geblieben war. Seitdem habe ich unter dem Pseudonym Wu Wei zehn Bücher über das *I Ging* geschrieben, unter anderem *The I Ching: The Book of Answers*, meine eigene populäre Fassung des Werks. Und all das hatte seinen Anfang mit diesem Felsbrocken genommen, der mir auf den Kopf gekracht war.

Wir könnten jetzt natürlich endlos darüber spekulieren, ob es sich dabei um einen »Wink von oben« oder einfach um einen Unfall ohne jede Bedeutung gehandelt hat, jedenfalls habe ich unendlichen Nutzen daraus gezogen. Ganz im Vordergrund meines Interesses hatte bis zu diesem Zeitpunkt das Bemühen gestanden, diesem uralten chinesischen Text seine Geheimnisse zu entlocken – und jetzt verstand ich plötzlich! Und *dass* ich aus diesem Unfall einen Nutzen ziehen konnte, lag an meiner Betrachtungsweise. Keinen Augenblick habe ich damals oder seither angenommen, dieser sogenannte Unfall könne zu etwas anderem als meinem absoluten Wohl bestimmt sein.

Hätte ich das Ganze nicht immer von seiner positiven Seite her betrachtet, hätte ich mir wahrscheinlich alle möglichen schlimmen Folgen dieses Unfalls ausgemalt und damit erst richtige Probleme aufgehalst. Der Stress solcher Gedanken hätte mich erst richtig krank machen können, und vielleicht wäre es dann zu ernsten Komplikationen an meiner Halswirbelsäule gekommen. Womöglich hätte ich sogar mein Schicksal verflucht und wäre depressiv geworden. Doch nichts dergleichen geschah. Erstaunlicherweise habe ich bis heute keine Nackenschmerzen und keinerlei Bewegungseinschränkungen. Noch dazu kann ich dem Vorfall jetzt, viele Jahre später, sogar etwas Nutzbringendes abgewinnen, indem ich darüber schreibe.

Geh in allem, was geschieht,
mit dem Strom, und lass deinen Geist
frei sein. Nimm alles, was du tust, wie es ist.
So ruhst du in dir. Dies ist das Allerhöchste.

Chuangtse

7 SCHLECHTE ZEITEN SIND GUTE ZEITEN

Zum Weltverständnis der Menschen früherer Zeiten gehörte auch die Einsicht, dass sich alles ständig wandelt. Wandel, so das *I Ging* (»Buch der Wandlungen«), ist das einzig Beständige. Wir können uns darauf verlassen, dass sich die Dinge immer wieder ändern. In der Natur ist alles auf Wachstum angelegt. Alles ist im Fluss. So lautet denn auch eine der Weisheiten zum Thema »Glück«, die wir im *I Ging* finden:

Eine glückliche Wendung nehmen nur die Dinge,
auf die man sich geschmeidig einstellt.

Wie man etwas zum Besseren wenden kann, indem man sich einfach darauf einlässt und es in ein positives Licht rückt, habe ich vor über zwanzig Jahren erlebt, als ich mir gerade ein nagelneues rotes Auto gekauft hatte. Der Wagen war in der schmalen Straße vor meinem Haus geparkt, und als ich aus der Tür kam, sah ich gerade noch, wie ein alter VW-Bus am vorderen Kotflügel entlang schrammte. Der Fahrer stieg aus und schaute sich die Bescherung an. Er schleuderte seinen Hut auf den Boden und ließ den Kopf hängen. Es war klar, dass er kein Geld hatte, um den Schaden zu bezahlen. Er war den Tränen nahe. Seine Frau saß im Wagen, auf dem Rücksitz der plärrende Sohn. Als der Mann mich kommen sah, wurde sein Gesicht noch ein gutes Stück länger. Ich ging hin, grinste ihn an und sagte: »Perfekt! Genau das hat meinem Wagen noch gefehlt.«

Er konnte es überhaupt nicht fassen. Ich wünschte ihm einen schönen Tag und sagte, er solle sich keine Sorgen machen – und ich sei jetzt auch die Sorge um mögliche Kratzer an meinem neuen Wagen los. Jetzt begann er tatsächlich zu weinen, wenn auch vor Erleichterung. Er umarmte mich, machte ein paar Tanzschritte, lief um seinen Wagen herum und umarmte seine Frau. Dann stiegen alle aus und wurden mir vorgestellt. Er erzählte, sie seien gerade erst in die

Stadt gekommen und suchten irgendeine Bleibe für die Zeit, bis er Arbeit gefunden habe. Ich gab ihm die Nummer eines Freundes, der im Baugewerbe tätig war – und schon vom nächsten Tag an arbeitete der gelernte Zimmermann für meinen Freund.

Drei Wochen später stand er wieder vor meiner Tür und wollte mir zweihundert Dollar für die Beseitigung der Schramme geben. Ich sagte, das komme überhaupt nicht in Frage, ich wolle meinen Kratzer behalten. Er sollte mich immer daran erinnern, wie wunderbar diese Welt ist. Allein die Freude dieses Mannes über meinen Spruch vom perfekten Kratzer war die ganze Sache wert. Ich muss noch heute immer ein wenig schmunzeln, wenn ich an diese Begebenheit denke.

Den Schaden habe ich übrigens nie ausbessern lassen. Wenn mich jemand fragte, was es mit dem Kratzer auf sich habe, gab ich immer zur Antwort: »Das ist ein Geschenk des Universums.« Und wenn der Fragesteller das erklärt haben wollte, erzählte ich von meinem Weltbild und konnte damit schon so manchen zu einer neuen Sicht der Dinge animieren, die ihm sehr zustatten kam. Es ist sogar vorgekommen, dass mich solche Leute später wieder ansprachen und erzählten, sie hätten gelernt, die scheinbar schlimmen Dinge in ihrem Leben als »Kratzer am Kotflügel« zu sehen.

Was, wenn ich damals anders reagiert hätte? Nehmen wir an, ich wäre handgreiflich geworden, auf den Fahrer des VW-Busses losgegangen und es hätte eine wilde Rauferei gegeben, nach der wir uns beide, übel zugerichtet, im Knast wiedergefunden hätten. Nehmen wir weiter an, ich wäre im Gefängnis sexuell belästigt worden und es wäre wieder zu einer Schlägerei gekommen, bei der ich jemanden ernsthaft verletzt hätte, um anschließend zu zwanzig Jahren verdonnert zu werden.

Noch einmal: Alles im Leben lässt uns die Freiheit, zwischen zwei grundsätzlich verschiedenen Reaktionen zu wählen. Wir können ein Ereignis als »gut für mich« oder »schlecht für mich« einstufen. Das Ereignis selbst ist natürlich einfach das, was es ist. Welchen Stellenwert es für unser Leben bekommt, hängt von unserer Betrachtungsweise ab. Das Ereignis selbst ist weder gut noch schlecht und bezeichnet sich auch nicht so. Das tun allein wir.

WECHSEL DER PERSPEKTIVE

Wer einmal die Zufriedenheit erlebt hat,
die aus simplem Genügen erwächst,
wird nie wieder etwas anderes als zufrieden sein.
Laotse

Im Fernen Osten gibt es eine Tradition der Genügsamkeit, in der Glück als das Wissen um all das gesehen wird, worauf man verzichten kann. Oder anders herum: Glücklich ist, wer mit dem zufrieden ist, was er hat. So hören wir Laotse im *Tao Te King*: »Lass Genügsamkeit deine Lebenshaltung sein ... Wer zufrieden ist mit dem, was er hat und ist, was könnte dem geraubt werden?«

Das ist im Westen keine sehr verbreitete Denkweise. Wir möchten mehr von allem, was wir uns wünschen, und weniger von dem, was uns unerwünscht ist. Glück und Unglück hängen bei uns sehr stark von dem ab, was wir haben oder eben nicht haben. Wenn Grundbedürfnisse wie Nahrung, Kleidung und

Unterkunft nicht erfüllt sind, kann das Unglück bedeuten. Gesundheitsprobleme können Unglück bedeuten. Daneben stehen unerfüllte Wünsche ganz oben auf der Liste der Auslöser unseres Unglücklichseins: unerfüllte Liebe, keinen Urlaub machen können, keinen »anständigen« Wagen (oder was auch immer auf dem Wunschzettel stehen mag) besitzen, die laufenden Lebenshaltungskosten nicht aufbringen können, kein Geld oder keine Zeit für erträumte Unternehmungen haben.

Mit dem Besitz dieser Dinge können Glücksgefühle verbunden sein, aber garantiert sind sie nicht. Viele Menschen besitzen all das und sind kreuzunglücklich. Vielleicht kennen Sie selbst Menschen, die etwas Ersehntes bekamen, aber kein dauerhaftes Glück darin fanden. Wo liegt dann die zuverlässige Bezugsquelle für Glück? Die Antwort dürfte inzwischen klar sein:

Der wahre Quell des Glücks ist in uns.

Genauer gesagt: Unser Glück hängt davon ab, wie wir auf die Umstände unseres Lebens reagieren. Wir sind Kräfte *im* Universum und Kräfte *des* Universums. Wir können denken und handeln und erschaffen. Nichts anderes als die Prägung, die wir erfahren haben, lässt uns über den Lauf der Dinge unglücklich sein. Wer diese Prägung durchbricht und einfach glücklich ist ... ja, der *ist* glücklich.

Mitte der 1980er-Jahre habe ich Workshops geleitet, zu denen Menschen kamen, die ihr Leben ändern wollten. Diese Workshops haben mir erneut bewiesen, dass Glück von innen kommt und wie wichtig eine Lebensphilosophie ist, die allem standhält, was das Leben für uns bereithält.

Der große Erfolg dieser Workshops war daran abzulesen, dass die Teilnehmer ihr Leben wirklich änderten und Dinge auf die Beine stellten, die nach ihrer eigenen Einschätzung weit über ihre Kräfte gingen. Sie kamen beruflich entscheidend voran, zogen aus Wohnungen in Eigenheime um, überwanden lebenslange Ängste, beendeten Abhängigkeitsbeziehungen zu Angehörigen und Freunden. Sie erreichten Ziele, die sie seit Langem angestrebt hatten. Sie wurden fröhliche Menschen und legten schlechte Angewohnheiten ab. Sie entdeckten ihre Leidenschaft für das Leben und fanden Frieden.

Wieder einmal wurde mir klar, wie wichtig es ist, sich an einem wirklich Rückhalt bietenden Weltbild orientieren zu können und einen Leitstern zu haben, ein Leuchtfeuer, nach dem man sich richten kann, wenn wieder einmal schwierige Zeiten mit Mutlosigkeit, Entbehrung, Kummer und Trübsinn kommen. Offenbar lebten Menschen, die ein erfüllendes Leben führten, nach einer persönlichen Philosophie, die es ihnen erlaubte, ungute Gefühle in Fröhlichkeit zu verwandeln, und die ein Lächeln auf ihr Gesicht zauberte, das nicht einfach nur von tapferem Standhalten in Zeiten der Not kündete.

Ich verstand, dass ein auf Tatsachen gegründetes und daher tragfähiges Weltbild genügend Kraft und Freude mit sich bringt, um allen Härten und Feuerproben standzuhalten. Andererseits war zu erkennen, dass einem kraftlosen Weltbild ein schwächliches Leben entspricht. Der Misserfolg, der sich an die Fersen mancher Workshopteilnehmer geheftet zu haben schien, ließ sich in jedem Fall auf ein kraftloses oder fehlgeleitetes Weltbild zurückführen.

Doch kaum hatten sie sich ein neues Weltbild zu Eigen gemacht und es praktisch umgesetzt, nahm ihr Leben eine erstaunliche Wendung zum Besseren. Mit der neuen Sicht der Dinge veränderten sich auch die Lebensumstände.

Und was für diese Leute galt, trifft auch auf Sie zu:

Der Lauf Ihres Lebens hängt ganz davon ab,
welche Haltung Sie unterwegs einnehmen.

Und das ist ein weiteres Gesetz des Universums: Sie, und nur Sie allein, bestimmen, in was für einer Welt Sie leben. Sie sind die Pforte, durch die Ihr Leben seinen Lauf nimmt.

Stellen Sie sich vor, Sie wären die meiste Zeit verärgert. Ihr Ärger würde sich auf alles und jeden um Sie herum auswirken. Man würde sich in Ihrer Nähe nicht wohlfühlen. Der Ärger würde auch Ihren Körper buchstäblich »sauer« machen und Sie allmählich zugrunde richten. Er würde Ihr Denken infizieren, Sie würden nicht mehr die Ruhe finden, die man für klares, rationales Denken braucht. Sie würden nicht mehr viele Freunde haben, vielleicht gar keine mehr. Sie würden keinen Geschmack mehr am Essen finden und hätten keine Lust, irgendetwas Schönes zu unternehmen. Harmonie würde es in Ihrem Leben nicht mehr geben. Sie würden sich gar nicht mehr freuen können, und Schlaf zu finden würde Ihnen schwer fallen. Geschäftlichen Erfolg müssten Sie sauer erkämpfen oder ganz abschreiben. Als Angestellter würden Sie Mühe haben, einen Job zu behalten. Eine alte Samurai-Weisheit lautet: »Der Zornige besiegt sich selbst, im Kampf wie im Leben.«

NIE MEHR DEM LAUF DER DINGE AUSGELIEFERT SEIN

Vollkommen gefasste Ruhe inmitten allen Wandels –
so findet man Nirwana.
Shunryu Suzuki

Ein tragfähiges Weltbild hilft uns nicht nur über die Tragödien des Lebens hinweg. Es trägt uns auch täglich in allem, was wir denken und tun. Es schenkt uns Optimismus und Hoffnung. Es sorgt dafür, dass wir uns nie mehr dem Lauf der Dinge ausgeliefert fühlen. Hier eine Geschichte aus den erwähnten Workshops, die zeigt, wie befreiend es sein kann, wenn die Dinge, die uns widerfahren, nicht mehr unser ganzes Leben bestimmen. (Sie hat ein wenig Ähnlichkeit mit der bereits erzählten Geschichte über meinen Wagen, macht aber noch besser deutlich, wie viel Auftrieb uns dieses Weltbild geben kann.) Doris bediente in einem Coffee-Shop. Sie war ursprünglich in einen meiner

Workshops gekommen, weil ihr Sohn schon daran teilgenommen hatte und sie von den Ergebnissen beeindruckt war. Nachdem sie etwa drei Wochen lang regelmäßig zu uns gekommen war, sah ich eines Tages fünfzehn bis zwanzig Workshopteilnehmer auf dem Parkplatz um einen neuen Wagen herumstehen. Sie plauderten unter großem Hallo und Gelächter. Natürlich wollte ich wissen, was da los war. Als ich fragte, brach wieder großes Gelächter aus.

Doris hatte sich am Vortag einen neuen Wagen gekauft, und als sie an diesem Morgen in ihre Tiefgarage kam, entdeckte sie am Kotflügel ihres Wagens eine Delle. Sie erzählte: Normalerweise wäre sie jetzt in Tränen ausgebrochen, in ihre Wohnung zurückgegangen und hätte sich den ganzen Tag nicht mehr vor die Tür gewagt, um nur ja kein weiteres Unheil auf sich zu ziehen.

Diesmal fiel ihr jedoch gleich ein, was sie im Workshop gelernt hatte, und sie sah den Schaden mit ganz anderen Augen. Es sei einer der besten Tage ihres Lebens geworden, erzählte sie weiter, weil sie sich der »Tyrannei der Ereignisse«, wie sie es nannte, plötzlich nicht mehr ausgeliefert fühlte – all diesen unliebsamen Zwischenfällen, von denen wir alle nicht verschont bleiben, sei es die verlorene Armbanduhr, die gestohlene Brieftasche oder der verpasste Zug. Doris sagte, sie könne sich vorstellen, den Schaden gar nicht reparieren zu lassen, weil sie so viel Gutes damit verband. Sie war frei, und alle anderen, die den Schaden und ihre Reaktion sahen, feierten ihre Freiheit – und die eigene.

TRAUMABEWÄLTIGUNG

In allem emsigen Getriebe ruhig bleiben, das ist wahre Natürlichkeit.
Wenn du in schweren Zeiten deine heitere Gelassenheit zu wahren vermagst, erkennst du, wozu der Geist wirklich imstande ist.
Huanchu Daoren

Ein jeder von uns weiß, was leiden bedeutet. Wir sind belogen und betrogen, verraten und ausgenutzt worden. Viele von uns, Sie vielleicht auch, sind geschlagen, vergewaltigt und schlecht behandelt worden. Sie wurden gezwungen, gegen ihren eigenen Willen zu handeln, oder mussten sich sexuelle Nachstellungen innerhalb der Familie und außerhalb gefallen lassen. Wir mussten schwere Enttäuschungen hinnehmen. Wir hatten große Verluste an Leib, Seele und Besitz zu beklagen. Wir hatten den Verlust geliebter Menschen zu verwinden oder sind mit Behinderungen körperlicher oder geistiger Art zur Welt gekommen. Unser Glück oder Unglück hängt ganz davon ab, wie wir heute und jeden Tag mit solch traumatischen Bedingungen umgehen.

Vor einigen Jahren meldete sich ein fünfundzwanzigjähriger Sportler namens Peter für das Rehabilitationsprogramm in unserem Zentrum *Passages* an. Bei Peter ging es »nur« um Marihuana und er hatte besonderes Interesse an meiner wöchentlichen Sitzung über metaphysische Themen, die er sich sehr zu Herzen nahm. Er buchte außerdem etliche Einzelsitzungen bei mir und erfuhr darin genau das, was ich Ihnen auch in diesem Buch erzähle. Peter blieb dreißig Tage, und als er ging, lag die Marihuana-Abhängigkeit hinter ihm. Ein paar Monate später hatte er einen schweren Unfall und ist jetzt von der Taille abwärts gelähmt und an den Rollstuhl gefesselt.

Zwei Tage nach seinem Unfall besuchte ich ihn im Krankenhaus. Als ich ins Zimmer kam, leuchteten seine Augen auf, und er sagte mit ganz ruhiger Stimme: »Ich weiß, dies ist das Beste, was mir passieren konnte.« Wir sprechen seitdem alle paar Monate miteinander, und so erfahre ich von immer neuen Höhen, zu denen ihn seine Erleuchtung führt. Ohne diesen Unfall, sagt er, hätte er sich unmöglich in so kurzer Zeit so weit entwickeln können.

Er ist für jeden, der ihm begegnet, eine Inspiration. Anlässlich der Ehemaligen-Treffen unserer *Passages*-Programme besucht er uns gelegentlich, um Vorträge zu halten. Er hat das universale Gesetz, dass die Umstände nur dann eine günstige Wendung für uns nehmen können, wenn wir uns auf sie einstellen, nicht nur verstanden, sondern lebt es auch. »Wer über sein Missgeschick lacht, den kann es nicht übermannen«, sagt der große tamilische Weise und Poet Valluvar. »Missgeschick mag sich wie eine Woge vor dir türmen, doch beherztes Denken gibt ihm sein Maß. Lass dich vom Kummer nicht grämen, so wird sich der Kummer selbst zu grämen haben.«

Ich habe eben von Peters ersten Worten bei meinem Besuch in der Klinik erzählt. »Ich weiß, dies ist das Beste, was mir passieren konnte.« Wie ging es Ihnen dabei? Dachten Sie: »Na klar, was denn sonst?« – so als könne es kaum etwas noch Unglaubwürdigeres geben?

Wenn es Ihnen ein wenig so ging, unterscheidet sich Ihr Weltbild in genau diesem Umfang von Peters Sicht der Dinge, die es ihm erlaubte, mit seiner Situation Frieden zu schließen. Vermutlich betrachten Sie »unselig« wirkende Ereignisse wirklich als Unglück. Aber genau dieses Denken ist ein Hauptgrund dafür, dass Ihr Leben so läuft, wie es läuft.

Ein starkes, überzeugendes Weltbild, das auf Tatsachen beruht, erspart Ihnen die Rolle des Opfers, in der Sie sich als misshandelt sehen, als vom Pech verfolgt, als jemand, dessen Los es ist, unglücklich und verzweifelt zu sein. Ein solches Weltbild trägt Sie auch unter widrigsten Umständen, weil Sie wissen, dass die Rätsel sich ganz von selbst lösen und einen glücklichen, perfekten Ausgang finden werden.

Trauen Sie sich zu, wie Peter Ihre Lebensfreude aufrecht zu erhalten, wenn Sie selbst gelähmt wären? Wenn Sie kein Bild vom Leben haben, das Sie auch dann noch trägt, wenn schwere Zeiten, Tragödien und tiefe Niedergeschlagenheit kommen, ist das nicht sehr wahrscheinlich.

DIE SCHLIMMSTEN ZEITEN SIND DIE BESTEN

Sieh alle Dinge als Trugbilder an, als Luftschlösser ...
Nichts ist, was es zu sein scheint.
Buddha

Ich weiß aus eigener Erfahrung, welchen guten Ausgang selbst die schlimmsten Dinge nehmen können, wenn wir uns an ein starkes, klares Weltbild halten. So habe ich es mit meinem Sohn Pax erlebt. Als er fünfzehn war, fing es bei ihm mit Marihuana an, dazu gelegentlich ein Bier. Ich versuchte alles, um ihn davon abzubringen, doch er blieb dabei. Damals war mir noch nicht bewusst, dass dieses eher harmlos wirkende Verhalten leicht in den Gebrauch harter Drogen übergehen kann. Als Pax achtzehn war, kam er einmal von der Schule nach Hause und brach in Tränen aus. Er erzählte mir, er sei heroinsüchtig.

Die nächsten sechs Jahre führte ich einen Krieg gegen das Heroin und um das Leben meines Sohnes. Ich ließ ihm Entzugsprogramme angedeihen, dreißig Tage, sechzig Tage, neunzig Tage lang. Nichts half. Er war mindestens vierzigmal clean. Nach jedem Rückfall fragte ich: »Warum?« Er kannte die Hintergründe nicht. Er sagte immer nur, es sei dieses unglaubliche High. Es war, als sei er der Versuchung ohnmächtig ausgeliefert. Ich lebte ständig in der Angst, ihn zu verlieren, und konnte keinen Tag sicher sein, dass ich ihn wiedersehen würde.

Ich schleppte ihn zu Drogentherapeuten, Alkoholtherapeuten, Psychologen, Psychiatern, Suchtexperten und Beratern jeglicher Provenienz. Sie alle brachten ihre Vorschläge zum Entzug vor. Sie boten Zwölf-Schritte-Programme und noch mehr Beratung an, aber eigentlich versuchte kein einziger von ihnen herauszufinden, *weshalb* Pax Heroin nahm. In fast allen Fällen liefen die Anregungen darauf hinaus, dass ich für Pax ein Umfeld schaffen sollte, in dem er weniger zum Drogengebrauch neigen würde. Und ich sollte ihn bestrafen. Ich musste jedoch zur Kenntnis nehmen, dass Strafen gegen Drogenmissbrauch nichts ausrichten, nicht einmal in lebensbedrohlichen Situationen.

Beweis: Einmal wurde Pax von einer Drogendealerbande in die Wüste verschleppt, wo sie ihn umbringen wollten, weil er ihnen Drogen gestohlen hatte. Sie zwangen ihn, sein eigenes Grab auszuheben. Irgendwie redete er sich dann aber doch heraus und versprach, das Geld zu besorgen. Dieses Erlebnis ist ihm sicher in die Knochen gefahren, aber schon am nächsten Tag nahm er wieder Heroin.

Einmal trat ihm ein Drogendealer, der Geld von ihm wollte, ins Gesicht und brach ihm den Unterkiefer an zwei Stellen. Im Krankenhaus wurde ihm der Unterkiefer mit Drähten wieder in Form gebracht. Seine Zähne standen in alle Richtungen. Er konnte kaum sprechen und nur flüssige Nahrung durch die

Zähne schlürfen. So übel zugerichtet kam er dann heim, und ich ging sofort zu ihm. Als ich sein Zimmer betrat, konnte ich kaum fassen, was ich da sah: Er rauchte schon wieder Heroin.

Da fasste ich den Entschluss, den Teufelskreis ein für alle Mal zu durchbrechen. Wir fuhren zusammen, nur er und ich, zu einer abgelegenen Hütte in den Big-Sur-Montains an der kalifornischen Küste. Hier hielt ich ihn neun Monate lang absolut clean. Schon in der ersten Woche danach war er wieder auf Heroin und Kokain.

Ich war überzeugt, dass Pax' Heroinsucht einen Grund hatte. Ich selbst kannte ihn nicht, aber es musste einen geben. In der Zeit vor Beginn seiner Sucht war er sportlich, umgänglich, fröhlich und ein guter Schüler gewesen, einmal sogar Schüler des Monats. Er wäre selbst gern von den Drogen losgekommen, um wieder ein normales Leben führen zu können, aber er schaffte es einfach nicht.

Dennoch, ich gab die Hoffnung nie auf. Und ich hörte nie auf, ihm Mut zu machen, den eigentlichen Hintergrund seiner Drogensucht aufzuspüren. Und der Tag kam, an dem Pax plötzlich Klarheit über das Warum hatte. Seit diesem Tag hat er nie wieder Drogen und Alkohol angerührt. Von einem Augenblick zum nächsten war er frei von seiner Abhängigkeit.

Heute ist Pax ganz der Alte und wirklich ein ganzer Mensch – gesund, glücklich, erfolgreich, völlig klar und zutiefst geheilt. *Und* er hilft anderen, genau die Freiheit zu finden, die er schließlich gefunden hat. Es war seine Idee, unser Behandlungszentrum *Passages* zu eröffnen. Das lag nahe, und er formulierte den Grund selbst, als die Abhängigkeit hinter ihm lag: »Schau, wir wissen, wie es geht – also, dann *machen* wir es doch.«

Wir haben *Passages* zusammen gegründet, wir leiten es gemeinsam und arbeiten dort jeden Tag Seite an Seite. Wenn ich ihn sehe, erfüllt mich Stolz auf alles, was er geschafft hat und weiterhin leistet. Er ist buchstäblich dem Tod entrissen worden. Seine Alkohol- und Drogensucht schien so übermächtig, dass es manchmal aussah, als sei er nicht zu retten. Aber wir haben ihn gerettet. Er selbst hat es geschafft – dank dieses großzügigen und liebevollen Universums, dem wir alle angehören.

Auf unserem Weg zur Hölle und zurück haben wir sehr viel über die Welt des Alkohols und der Süchte in Erfahrung gebracht. Wir haben alles aufgearbeitet, was wir über Alkoholismus und andere Süchte sowie über Therapieformen finden konnten, und wir haben durch Erfahrung gelernt, was – bei Pax und anderen – zu dauerhafter Heilung führte und was nicht. Als nichts von allem Vorgefundenen mehr anschlagen wollte, haben wir Pax ein Programm auf den Leib geschneidert, das ihm das Leben rettete. Später haben wir das bei seiner Heilung Gelernte angewendet, um andern zu helfen, den wahren Grund für ihre eigene Sucht zu finden und sie schließlich abzuschütteln.

Pax' Jahre der Sucht werden manchem vielleicht als unwiederbringlich verloren erscheinen, aber wenn Sie Pax fragen, wie er es selbst sieht – zusammengeschlagen, erniedrigt und gedemütigt zu werden, Freunde und Schulzeit und Respekt und überhaupt all diese Jahre zu verlieren –, wird er Ihnen sagen, dass es eine schreckliche, aber auch eine großartige Zeit war. Er wird sagen, dass ihn diese scheinbar verlorenen zehn Jahre zu seiner Lebensaufgabe geführt haben, dass er ohne sie nie auf die Idee gekommen wäre, geschweige denn den Antrieb gehabt hätte, so etwas wie *Passages* aufzuziehen, und dass das Universum ihn gerade in dieser furchtbaren Zeit auf eine glänzende Zukunft vorbereitet hat, in der er schon Tausenden helfen konnte. Weiterhin würde er sagen, und ich habe es ihn sogar schon sagen hören, dass er alles noch einmal durchmachen würde, um zu erreichen, was er erreicht hat. Es waren die schlimmsten Zeiten, und sie mündeten in die besten Zeiten.

Mich befähigten diese Erlebnisse unter anderem, ein Buch mit dem Titel *The Alcoholism and Addiction Cure* zu schreiben, das schon vielen bei der Heilung von ihrer Sucht geholfen hat. Pax erzählt darin sehr ausführlich seine Geschichte, und ich erzähle, wie wir die Schlüssel zur Genesung fanden. Mit dem Buch kann man nach denselben Leitlinien vorgehen, die wir in unserem Zentrum anwenden, und so kann jeder da, wo er lebt, zusammen mit kundigen Therapeuten sein ganz persönliches Behandlungsprogramm zusammenstellen. Aus Kämpfen und schweren Zeiten ist etwas hervorgegangen, was anderen Hoffnung gibt und neues Leben verspricht.

Beschränkte Menschen sind furchtsam
und entschlusslos. Je mehr sie eilen,
desto weniger kommen sie voran.

Seng-ts'an

8 STRESS – AUSGEBURT UNSERER VORSTELLUNGEN

Eine der größten Hürden auf Ihrem Weg zum Glück ist Stress. Mit Stress meine ich alles Mögliche an Befürchtungen, Ängsten, Sorgen, Nöten, mulmigen Gefühlen oder auch düstere Vorahnungen, wie man sie bekommt, wenn man sich den schlimmstmöglichen Verlauf irgendwelcher bereits laufenden oder anstehenden Ereignisse ausmalt. Es gibt sonst nichts, was Stress verursacht. In den Ereignissen oder Situationen selbst liegt kein Stress, wenngleich es so aussehen kann.

Stress entsteht durch Ihre Reaktion auf Ereignisse oder Situationen.

Klingt das irgendwie bekannt? Richtig, es ist die Gleichung, die wir schon für das Glück aufgestellt haben. Glück ist so wenig wie Stress in den Dingen selbst oder in Ereignissen und Situationen enthalten. Dinge, Ereignisse, Situationen – all das ist einfach nur so, wie es eben ist. *Sie* sind es, der eine Reaktion hinzufügt, und Sie entscheiden, welche.

Sie haben doch sicher schon einmal Stress wegen einer Sache gehabt, die dann doch nicht so schlimm kam wie vorgestellt oder die sich, falls sie eintrat, auf längere Sicht als eher vorteilhaft für Sie erwies. Hätten Sie das von Anfang an gewusst, wären Ihnen die ganzen Sorgen erspart geblieben und Sie hätten fröhlich in den Tag hinein gelebt. So können Sie es von vornherein mit allen Dingen halten.

Da wir einiges an negativen Programmierungen mitbekommen haben, wird unser Leben nie völlig stressfrei sein, aber den größten Teil des Stresses können wir uns ersparen. Wichtig – und ein wenig knifflig – ist dabei, unser Vorstellungsvermögen so zu beherrschen, dass wir bei allem einen glücklichen und keinen unangenehmen Ausgang im Blick haben.

Sie werden fragen: »Aber wie komme ich zu diesem Glauben, dass Stress-Situationen letztlich immer zu meinem Vorteil ausschlagen werden?« Es gibt darauf eine kurze Antwort, die wir im sechsten Kapitel erörtert haben: Sie *sind* das Universum, ein Teil oder Ausläufer des Universums, und da das Universum sich selbst jederzeit nur das Allerbeste wünscht und nichts anderes zulässt, wird es auch bei Ihnen nichts anderes als das allerbeste Endergebnis zulassen.

Mir ist klar, dass ich Sie damit möglicherweise ein bisschen überfordere, vor allem im Hinblick auf all das, was Sie schon erlebt haben; aber wenn Sie sich ein weitgehend stressfreies und glückliches Leben wünschen, dann wagen Sie den Sprung und glauben Sie probeweise, dass es wirklich so ist. Sie müssen eine Weile nach diesem Glauben gelebt haben, bevor Sie wahrnehmen können, dass er tatsächlich die Realität beschreibt. Wenn Sie diesen Glauben eine Zeitlang praktiziert haben und Resultate sehen, werden Sie wissen, dass er zutrifft. Und dann wird – immer öfter – der Anflug eines Lächelns auf Ihrem Gesicht zu sehen sein.

ERWARTUNGEN

Nichts von all dem, was du siehst oder hörst,
sollte dich überraschen ... Wenn du bereit bist, die Dinge zu nehmen,
wie sie sind, wirst du sie stets als alte Freunde empfangen.
Shunryu Suzuki

Sie erschaffen Ihre Welt durch Erwartungen, und mit Ihrer Reaktion auf das Gegenwärtige gestalten Sie Ihre Zukunft. Es hängt von Ihrem Weltbild ab, wie weit Sie Ihr Leben jetzt und in Zukunft von Stress frei halten können. Wenn zu diesem Weltbild der Glaube gehört, dass alles in Ihrem Leben zu Ihrem Besten ausschlagen wird, kann Stress gar nicht erst aufkommen. In meinen Workshops kann es Wochen dauern, bis ich die Teilnehmer von dieser Wahrheit überzeugt habe, und wenn es schließlich gelingt, zeigt sich immer wieder, dass Stress praktisch aus ihrem Leben verschwindet. Viele, deren Leben schon fast am Stress zerbrochen war, haben dies als das größte Geschenk ihres Lebens erfahren.

Werden Sie wählerisch, was Ihre Vorstellungen angeht, und Ängste oder Stress haben keine Chance mehr in Ihrem Leben. Dieser Satz sollte Sie aufatmen lassen, denn Ihre Vorstellungen, Ihre Fantasie, unterliegt ja gänzlich Ihrer Kontrolle. Sie können sich in jedem Fall einen guten Ausgang ebenso leicht ausmalen wie einen schlechten. Spielen wir es an einem Beispiel durch:

Nehmen wir an, Sie und ich lebten in einem Haus, für das die Zwangsversteigerung ansteht. Wir haben seit einem halben Jahr unsere Hypothekenzahlungen nicht mehr geleistet, die Bank hat die Zwangsversteigerung eingeleitet, und der Verkauf soll nächsten Monat sein. Danach werden wir ausziehen müssen, und wir wissen nicht wohin. Die letzten Monate haben wir die Hände gerungen, uns das Hirn zermartert und ausgiebig gejammert. Und alles, was jetzt so schwer auf uns lastet, haben wir durch unsere Fantasien vom bösen Ende selbst herbeigeführt.

Nehmen wir weiterhin an, Tante Agathe sei letztes Jahr gestorben, und jetzt stellt sich plötzlich heraus, dass sie uns ein voll bezahltes Haus auf dem Land vermacht hat und dazu ein stattliches Barvermögen, von dem wir bis ans Ende unserer Tage bequem leben können. Kaum haben wir davon erfahren, fangen wir plötzlich an, unsere Fantasie ganz anders zu benutzen: Wir malen uns eine wunderbare Zukunft aus, ein gemächliches, sorgloses Landleben. Die anstehende Zwangsversteigerung schreckt uns kein bisschen mehr. Wir feiern, tagelang.

Aber dann ruft Tante Agathes Anwalt an und sagt, es läge ein Irrtum vor. Tatsächlich habe Tante Agathe das Haus und das Geld nicht uns, sondern einer Schwester vermacht. Jetzt sind wir wieder da, wo wir waren, und sehen schwarz. Nur dass uns jetzt noch diese geplatzte wunderbare Aussicht zusätzlich den Tag vergällt.

Die ganze folgende Woche verbringen wir damit, uns düstere Bilder von unserer Zukunft in der Obdachlosigkeit auszumalen. Dann ruft aber Tante Agathes Anwalt wieder an und sagt, unsere Schwester (sie hatte Tante Agathe von Herzen gehasst) wolle nichts mit diesem Haus zu tun haben, sie überlasse es uns mitsamt dem Geld. Von einem Augenblick auf den nächsten schwenken wir wieder auf Bilder von einer herrlichen Zukunft um. Kurz entschlossen leiten wir sofort den Umzug in unser neues Landhaus in die Wege – müssen dort aber feststellen, dass es sich nicht in einem bewohnbaren Zustand befindet und die Umgebung alles andere als einladend ist.

Dann meldet sich auch noch der Anwalt erneut und berichtet, das Testament habe einen Haken, und die Auszahlung des Geldes werde sich wohl noch unabsehbar lange hinauszögern. Ach, da sinkt uns der Mut wieder und dafür steigen Bilder von bevorstehenden schrecklichen Zeiten auf. Am nächsten Tag spricht eine Immobilienfirma vor, der die Erschließung des gesamten Areals vorschwebt. Uns wird für Haus und Grund eine gewaltige Summe geboten. Begeistert klatschen wir in die Hände, denn jetzt sind wir doch sicher alle unsere Sorgen endgültig los ...

Ich muss das nicht weiter ausspinnen. Sie wissen sicher, worauf ich hinaus will. Wer oder was hat uns dieses Wechselbad der Gefühle beschert? Wir selbst! Durch unsere Vorstellungsbilder. Wir werden willenlos dahin getrieben wie

Korken im Meer, die einfach mit jeder Welle steigen und fallen. Stellen Sie sich jetzt bitte einen Moment lang vor, wie es uns diese ganze Geschichte hindurch gegangen wäre, wenn wir von Anfang an gewusst hätten, dass alles bestens für uns ausgehen wird. So werden Sie sich immer fühlen, wenn Ihr Weltbild sich mit der Wahrheit dieser Welt deckt und Sie davon *ausgehen*, dass sich alles, was Sie erleben, für Sie zum Besten wenden wird, auch wenn Sie jetzt noch nicht sehen, wie das gehen soll.

Sie erinnern sich vielleicht an Erlebnisse, die Sie als schlimm empfanden und die für Ihr Empfinden auch schlimm geblieben sind. Wenn sich etwas nicht zum Besseren wendet, liegt es wahrscheinlich daran, dass Sie das Geschehene weiterhin als schlimm betrachten. Diese Haltung teilt sich nämlich Ihrem Handeln mit, das dann unmöglich etwas Besseres herbeiführen kann. Es ist jedoch nie zu spät für eine Kehrtwendung. Denken Sie einfach anders über das Geschehene – und etwas Neues und Besseres wird sich daraus ergeben.

HINDERNISSE

Kalter Herbstregen
zieht Vorhänge vor den Fuji – dann
noch schöner sein Anblick.
Basho

Zu einer starken und gesunden Weltanschauung, die uns glücklich zu sein erlaubt, gehört auch die Haltung, die wir Hindernissen gegenüber einnehmen. Hindernisse gibt es ja in Ihrem Leben auch deshalb, weil Sie daran wachsen und stark werden. Sie kennen sicher die alte Weisheit, dass eine Kette nur so stark ist wie ihr schwächstes Glied. Nun, auch Sie sind nur so stark wie Ihre größte Schwäche.

In der Natur lässt sich dieses Prinzip überall verfolgen. Eine Vogelmutter stößt ihre Jungen irgendwann aus dem Nest, damit sie fliegen lernen. Sie füttert sie auch nicht mehr, damit sie einen Anreiz haben, ihre Welt zu erkunden. Löwenjunge gehen spielerisch aufeinander los, selbst wenn der andere gerade überhaupt keine Lust zum Spielen hat. So bereiten sie sich auf spätere Paarungskämpfe vor. Im Tierreich gilt das Gesetz, dass der Stärkere sich durchsetzt.

Im Tierreich geht es mitunter sehr rau zu, aber dadurch sind die Tiere stark und überlebenstüchtig. Alles, was heute lebt, ob Mensch oder Tier, lebt nur deshalb, weil sich seine Vorfahren behauptet und überlebt haben. Einer der Gründe, warum uns das Leben manchmal mit schwierigen, schmerzlichen, ja sogar niederschmetternden Situationen konfrontiert, lautet:

Das Universum zielt immer
auf unsere schwächste Stelle, denn diese Stelle
braucht das Krafttraining am dringendsten.

Alle Herausforderungen in Ihrem Leben werden Ihnen gezielt von einem liebenden Universum serviert, um Sie stärker zu machen. Wenn Sie ein

Hindernis in diesem Sinne für sich nutzen wollen, dann stellen Sie sich ihm und überwinden Sie es, anstatt sich abzuwenden und aufzugeben.

Betrachten wir es wieder an einem Beispiel. Vor Publikum sprechen oder neue Leute kennenlernen, das sind für viele von uns Auslöser von Ängsten. Die Angst entspringt unserer Vorstellung, wir könnten eine schlechte Figur machen. Daher greifen viele, auch Schauspieler, zu Beruhigungsmitteln und behaupten, sie brauchten das, um in Form zu bleiben und der Situation gewachsen zu sein, etwa bei Auftritten oder bei geschäftlichen Besprechungen.

Aber niemand braucht Beruhigungsmittel wirklich, ganz gleich, was der Arzt gesagt hat. Wir brauchen nichts weiter als mehr Kraft an dieser Schwachstelle, die uns immer mit dem schlimmsten Ausgang rechnen lässt. Das kann zum Beispiel dadurch geschehen, dass wir das Sprechen vor Publikum ganz gezielt üben, um Routine und Selbstvertrauen zu bekommen. Angstdämpfende Medikamente sind kein Ersatz für die echte Auseinandersetzung mit den Ursachen der Angst. Im Gegenteil, mit den Medikamenten berauben wir uns sogar der Chance, wirklich gute Sprecher zu werden.

Wie geht man also mit solchen Herausforderungen um? Machen Sie sich zunächst klar, dass die schwierige Situation auf etwas abzielt und zu nichts anderem als Ihrem Vorteil so ist, wie sie ist. Es mag sein, dass alles nur schwierig aussieht und sich für Sie schwierig anfühlt, aber das ist nur *eine* mögliche Betrachtungsweise. Sobald Sie Ihre Probleme als »Trainingssituation« zu sehen gelernt haben, werden sie sich ganz anders darstellen. »Training« bedeutet ja, dass Sie sich einsetzen und sich Kraft und Durchblick erarbeiten. Wenn das erreicht ist, hat die jeweilige Situation Ihnen nichts mehr zu bieten und wird aus Ihrem Leben verschwinden.

Die Erleichterung und die Lösungen werden Ihnen natürlich nicht einfach ausgehändigt, ohne dass Sie sich wirklich einsetzen, denn nur wenn Sie die Probleme aufarbeiten, gewinnen Sie Kraft, Weisheit und Kenntnisse. Machen Sie sich auch bewusst, dass Ihre Ziele nicht das A und O des Lebens sind, obwohl es Ihnen im Moment so vorkommen mag.

Der Weg selbst ist das A und O. Ziele anstreben, Lösungen suchen – das ist es, was Sie den Weg verfolgen lässt, den Sie sich für dieses Leben gewählt haben. Der Weg selbst ist Ihre Wahrheit, Ihre Bestimmung und Ihr Glück.

FORTSCHRITT

Durch die Luft fliegen oder übers Wasser gehen – nicht darin,
sondern im Gehen auf dieser Erde liegt das Wunder.
Chinesisches Sprichwort

Die Erde ist ein Ort der Entdeckungen und Erfahrungen. Es ist kein Zufall, dass Sie hier sind. Es ist auch kein Zufall, dass Sie dieses Buch lesen. Sie sind Geist und kamen hierher, um sich zu entwickeln. Womit Sie in Ihrem Leben zu ringen und worunter Sie zu leiden hatten und haben, dient diesem Zweck. Wenn Sie die Erde verlassen, ohne diesen Zusammenhang für sich entdeckt zu haben, ist es ungefähr so, als hätten Sie Tausende von Kilometern zurückgelegt, um den Grand Canyon zu sehen, und säßen dann für die Dauer Ihres Urlaubs im Hotelzimmer. Wenn Sie glauben, Ihr Leben habe einen Anfang und ein Ende und alles dazwischen sei einfach nur Kampf, dann fehlt Ihrem Leben der Zauber, der es erst wirklich lebendig und wunderbar macht und seine transzendente Seite offenbart.

Im Grunde ist es natürlich so, dass Sie nie wirklich von Ihrem Erleuchtungsweg abkommen können, von Ihrem Weg zu der Erkenntnis, dass Sie ein unverzichtbarer Bestandteil des Ganzen sind. Erleuchtung ist wie das Meer, und unsere Wege sind wie Flüsse. Die Flüsse sind verschieden, aber sie münden alle ins Meer. Was auch immer wir tun und wann, ob es uns Glück oder Bedauern, Gewinn oder Verlust einträgt – wir sind alle auf dem Weg zur Erleuchtung, jeder auf seinem ganz eigenen. Wir sind immer auf diesem Weg, selbst wenn wir etwas getan haben, was uns jetzt als falsch oder unrecht erscheint.

Wie schnell oder langsam Sie vorankommen, hängt von Ihrem Bewusstsein ab. Wenn Sie betrunken in der Gosse liegen, spricht wenig dafür, dass Sie rasche

Fortschritte machen werden. Wenn Sie aber nach Erleuchtung streben – und das zeigt sich in dem Verlangen, Ihre Beziehung zum Universum zu erkennen –, werden Sie Ihre sogenannten Probleme als Lernchancen verstehen und schnell vorankommen. Das heißt, Sie werden Frieden finden, Sie werden sich wohlfühlen, Sie werden Erfolg und in allem eine glückliche Hand haben.

Geh nicht der Vergangenheit nach.
Verliere dich nicht in der Zukunft. Die
Vergangenheit ist nicht mehr, die Zukunft noch
nicht. Der Meditierende blickt in die Tiefe des
Lebens, wie es eben hier und eben jetzt ist,
und weilt in unerschütterlicher Freiheit.

Bhaddekaratta Sutta

9 DIE VERGANGENHEIT HEILEN

Wir wissen nicht, wie man die zurückliegende Zeit aufrollen und vergangene Ereignisse ändern oder löschen kann. Wir können jedoch unsere Gefühle über frühere Ereignisse ändern. Dann plagen sie uns nicht mehr und verderben uns nicht unser Jetzt.

Und wir alle schleppen eine Menge Gepäck dieser Art mit uns herum: Beleidigungen, bewusste Übergriffe, Vertrauensbrüche, Kränkungen; Erinnerungen an Menschen, die uns belogen oder betrogen oder verraten haben; schmerzliche Ereignisse, verpasste Chancen, scheinbare Fehlentscheidungen; Dinge, die verloren gingen, Taten und Unterlassungen; Missverständnisse, unter denen wir litten oder an denen Freundschaften zerbrachen; Bedauern über Verletzungen, Kränkungen und Enttäuschungen, die wir anderen zugefügt haben ... Die Liste ist schier endlos. Ohne all diesen Ballast wären wir wahrlich besser dran.

Wer mit der Vergangenheit ins Reine kommt,
kann in der Gegenwart glücklich sein.

Aber wie macht man das? Betrachten Sie alle verletzenden und kränkenden Dinge der Vergangenheit einfach in einem anderen Licht. Seien Sie aufgeschlossen für den Gedanken, dass sich all dieses Vergangene letztlich zu Ihrem Vorteil gewendet hat oder noch wenden wird.

Für Ihr Glück ist es auch wichtig, dass Sie sich in die Vergangenheit zurückversetzen, in Ihre Kindheit. Von da aus gehen Sie langsam wieder in Richtung Gegenwart und erinnern sich möglichst lebhaft an alle Schlüsselerlebnisse – nur dass Sie diesmal am Schluss alles so wenden, dass es für Herz und Geist gut und richtig ist.

Das bedeutet: Sie verzeihen sich alles, was Sie anderen angetan haben, und bedauern. Sie verzeihen anderen, was sie Ihnen angetan haben. Sie machen sich klar, dass alles, was Sie als schlimm empfunden haben, schließlich doch ganz richtig war, ja, dass es zu Ihrem Vorteil war oder sich noch als zu Ihrem Vorteil erweisen wird. Vielleicht deshalb, weil es eine Schwäche durch Stärke zu ersetzen oder eine wichtige Lektion zu lernen galt und Sie das Gelernte jetzt an Menschen weitergeben können, die nicht wissen, woher sie in ihrem Schmerz Hoffnung nehmen sollen. Richten Sie das Licht Ihrer neuen Einsicht auf all diese Dinge, und Sie werden erleben, wie sich Schmerz und Bedauern in Einverständnis, Frieden und Glück verwandeln.

Hier frischen Sie Ihr Gedächtnis gezielt mit neuen Informationen auf und werden die Ereignisse Ihrer Vergangenheit dann anders empfinden, nicht mehr als quälend, sondern als etwas, das Sie froh macht. Wenn Sie dieses Fundament gelegt haben, können Sie immer dann, wenn eine Erinnerung hochkommt, Ihr neues Denken anwenden und sich erneut vor Augen führen, dass dieses Ereignis zu Ihrem Allerbesten war. Ermahnen Sie sich, es nicht als ungut zu empfinden, sondern als das Beste, was Ihnen oder anderen damals widerfahren konnte. Das ist nicht ganz einfach und Sie werden einige Ausdauer brauchen, aber nachdem Sie es einmal ernsthaft versucht haben, dürfen Sie mit Ergebnissen rechnen, die Sie sich nie hätten träumen lassen.

Das Glück steht Ihnen offen, wenn Sie bereit sind, die Vergangenheit loszulassen und sich frei von all dem Ballast aufzuschwingen. Es fühlt sich so gut an, den ganzen »Kram« hinter sich zu lassen – als würden Sie einem Berg von Problemen den Rücken kehren und losmarschieren, ohne je wieder einen Gedanken daran zu verschwenden. Können Sie sich so sehen? Als jemand, der einen Berg von Problemen einfach für immer hinter sich lässt? Wenn dieser ganze Ballast einmal abgeworfen ist, werden Sie sich leicht fühlen wie eine Feder im Wind und glücklich in Ihrem ewigen Jetzt leben.

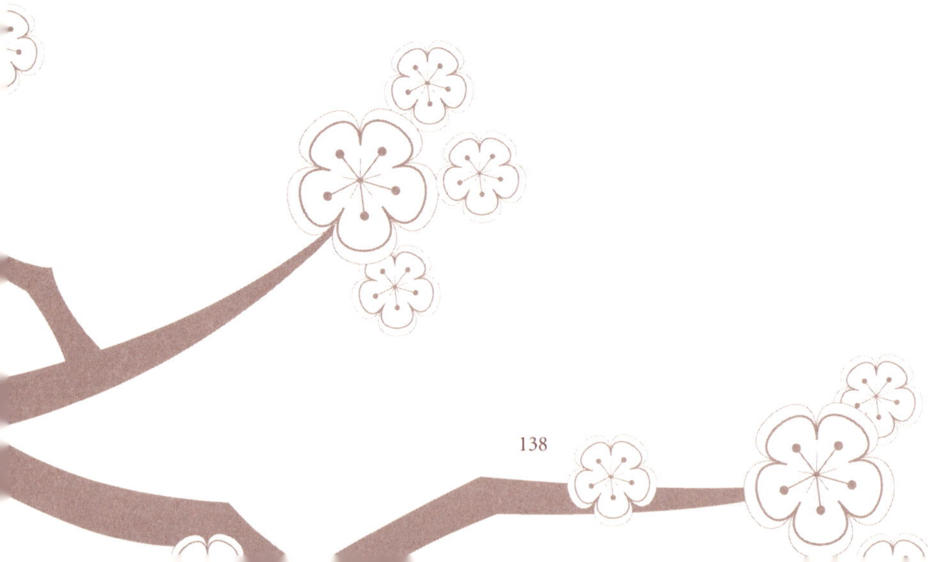

DER GEGENWÄRTIGE AUGENBLICK

Der gegenwärtige Augenblick ist ein Augenblick des Wunders.

Thich Nhat Hanh

Die Weisen sagen: Wer ganz im Jetzt lebt, den beschwert die Vergangenheit nicht mehr. Er ist glücklich. So heißt es im *I Ging*: »Der Edle betrachtet und versteht das Vergängliche im Licht des Ewigen.«

Wir glauben, dass sich vor uns eine endlose Zukunft erstreckt und dass hinter uns eine anfangslose Vergangenheit liegt, dass wir also auf einer haarfeinen Jetzt-Linie existieren, die Zukunft von Vergangenheit trennt. Tatsächlich ist es ganz anders: Es gibt nichts anderes, hat nie etwas anderes gegeben und wird nie etwas anderes geben als ein immerwährendes Jetzt. Ist denn nicht immer jetzt?

Es existiert nur dieser Augenblick, den wir »jetzt« nennen.

Wenn wir im Jetzt leben und mit unserem Bewusstsein und unserer Aufmerksamkeit im gegenwärtigen Augenblick bleiben, so das Zen-Ideal, sorgen wir dafür, dass unsere Vorstellungen nicht mit uns durchgehen. Wir geben uns nicht mit Vergangenem ab. Wir machen uns keine Sorgen über die Zukunft. Wir beurteilen die Dinge nicht in ihrem Kommen und Gehen. Um den bereits zitierten Satz von Alan Watts zu wiederholen: » Zen ist einfach dieser Zustand von gesammelter Präsenz hier und jetzt.«[1]

Eines der Kernelemente des Zen – Meditation – zielt genau darauf. Meditation sorgt dafür, dass wir in unserer eigenen Mitte und auf den gegenwärtigen Moment konzentriert bleiben. Dadurch entwickelt sich die Gewohnheit, auch das Leben so gesammelt und gelassen zu betrachten, das heißt, eher zu beobachten als zu reagieren, und dem Impuls, die Dinge als gut oder schlecht zu beurteilen, nicht nachzugeben. Der vietnamesische Mönch Thich Nhat Hanh sagt: »Meditation ist keine Flucht vor dem Leben, sondern Einstimmung auf wirkliche Teilnahme am Leben.«

Alan Watts, der es so meisterhaft verstand, östliches Denken für westliche Menschen aufzubereiten, verglich das Leben aus der Mitte mit den Kampfkünsten, bei denen eine Hauptregel lautet: »Bleibe immer in der Mittelposition und immer *hier*.« So schreibt er: »Wenn du damit rechnest, dass etwas auf eine bestimmte Art auf dich zukommen wird, nimmst du eine Haltung ein, mit der du dich darauf einzustellen versuchst. Kommt es jedoch anders als erwartet, musst du dich erst neu positionieren, und dann könnte es zu spät sein. Bleib also in der Mitte; von da aus bist du bereit, in jede Richtung zu agieren.« Ein Leben im Jetzt und aus der Mitte heraus, so Watts weiter, »gibt dir viel bessere Chancen, mit dem Unvorhergesehenen fertig zu werden, als wenn du dich mit unnötigen Sorgen darüber aufhältst«.[2]

Meditation muss weder lang noch aufwendig sein, um Nutzen aus ihr zu ziehen. Wenn Sie noch nie meditiert haben, rate ich Ihnen, anfangs nicht länger als fünf Minuten pro Tag zu meditieren. Sehr gut eignet sich der Morgen gleich nach dem Aufwachen, aber jede andere Zeit, die Ihr gewohnter Tagesablauf hergibt, ist ebenfalls gut. Nehmen Sie irgendeine bequeme Haltung ein, in der

Sie mit geradem Rücken sitzen können. Schließen Sie die Augen, und konzentrieren Sie sich auf den Atem.

Sie verfolgen in diesen fünf Minuten einfach Ihren Atem – einatmen, ausatmen. Wenn Sie bemerken, dass Ihre Gedanken abschweifen, holen Sie sich nur sanft zur Sammlung auf den Atem zurück. Es geht um nichts weiter als fünf Minuten ganz unverkrampfte Ausrichtung auf den Atem. Einatmen, ausatmen, einatmen, ausatmen, einatmen, ausatmen. Der Zen-Meister Pao-chih fasst den ungeheuren Wert einer solchen Sammlungsübung in wenigen schlichten Worten zusammen: »Wenn der Geist nicht zu den Dingen hin abschweift, ist überall, wo du gehst, der Ort der Erleuchtung.«

Wer sich dem Weg gleich gemacht hat,
dem leiht der Weg bereitwillig seine Kraft.

Laotse

10 DIE SPRACHE DES UNIVERSUMS

Unser Leben wird ein anderes, wenn wir anfangen zu *glauben*, dass dieses Universum lebendig und bewusst ist und dass es um jeden Einzelnen von uns weiß. Das wird Ihre Beziehung zum Universum so grundlegend verändern, dass Sie in einer völlig neuen Welt zu leben glauben – einer Welt, an der Sie nur noch Freude haben werden, solange Sie hier sind.

Das Universum weiß nicht nur um uns, sondern teilt sich uns auch mit. Wir teilen uns dem Universum ebenfalls ständig mit, und zwar durch alles, was wir denken, sagen und tun. Darauf antwortet das Universum mit Ereignissen.

Ereignisse sind die Sprache des Universums.

Der Antwortcharakter von Ereignissen wird besonders sinnfällig in Situationen, die wir als »merkwürdiges Zusammentreffen« oder Koinzidenz empfinden. Sie denken an jemanden, das Telefon klingelt, und genau diese Person ist dran. Sie versuchen jemanden ausfindig zu machen, dessen Adresse Sie verloren haben. Dann treffen Sie eine Freundin, die sagt: »Stell dir vor, wen ich gestern getroffen habe!« Und wahrhaftig, es ist die Person, die Sie suchen, und Ihre Freundin liefert Ihnen auch gleich ihre Adresse und Telefonnummer.

Ich kenne ein Paar, das in einem abgelegenen Teil von Hawaii lebte. Von der Hauptstraße aus war man auf einem Fahrweg zwei Stunden bis zum Haus unterwegs, und diese Straße war eigentlich nur für Allradfahrzeuge geeignet. Die beiden brauchten also dringend ein Auto mit Allradantrieb. Sie sprachen ausgiebig darüber, wie dringend sie diesen bestimmten Transporter brauchten, aber von diesem Typ gab es nur ein einziges Exemplar auf der ganzen Insel, und es stand nicht zum Verkauf. Selbst wenn der Wagen zu haben gewesen wäre, hätten sie ihn nicht bezahlen können, denn sie besaßen nichts weiter als ein Stück Land irgendwo im hintersten Montana, Wert ungefähr zehntausend Dollar. Die Frau fügte bei diesem Gespräch noch kleinlaut hinzu, dass sie sich den Wagen weiß und mit einer tollen Stereoanlage ausgestattet wünschte.

Zwei Wochen später näherte sich ein Wagen genau dieses Typs ihrem Haus, sogar weiß war er. Die Fahrerin sagte, sie habe sich verirrt. Sie war mit diesem Wagen auf die Insel gekommen, weil sie eigentlich bleiben wollte, aber jetzt hatte sie es sich anders überlegt und wollte wieder weg. »Das trifft sich gut«, sagte die Hausfrau, »Sie fahren nämlich meinen Wagen.« Die Frau war bereit, den Wagen zu verkaufen und akzeptierte das Grundstück in Montana als Bezahlung. Es blieb sogar noch ein bisschen Geld für die beiden übrig. Und der Wagen war mit einer edlen Stereoanlage ausgestattet.

Zufall?

Nein, das war eine Mitteilung des Universums, ein wahrhaft universales Ereignis, und dergleichen widerfährt uns allen ständig. Das Universum teilt sich uns unaufhörlich mit. Allerdings sind nicht alle Mitteilungen leicht als solche zu erkennen. Meistens achten wir nicht darauf und merken es nicht, oder wir sehen einfach das sogenannte Schicksal walten. Kaum zu glauben, was wir uns dadurch entgehen lassen! Wenn wir nämlich in so einem Fall wirklich aufmerken und das Walten des Universums zur Kenntnis nehmen, lässt das

Universum uns weitere und immer deutlichere Mitteilungen zukommen. Was für eine Chance!

Was könnte wichtiger und kostbarer sein, als einen solchen Austausch mit dem Universum in Gang zu bringen? Für mich jedenfalls führt dieser Punkt – zusammen mit dem Wissen, dass dieses Universum lebendig und bewusst ist – die kleine Liste von Erkenntnissen an, die ich im Laufe meines Lebens gewonnen habe. Stellen Sie sich vor, Sie gehen mit einem zweijährigen Kind an der Hand spazieren. Ernsthafte Gespräche fangen Sie gar nicht erst an, weil Sie glauben, dass ein kleines Kind dazu nicht in der Lage ist. Wäre es anders, würden Sie nicht zögern, dem Kind ein paar wichtige Dinge mitzuteilen, die von großem Nutzen für es sein könnten, aber Sie tun es nicht, weil Sie davon ausgehen, dass ein Kind damit nichts anfangen kann. Dann blickt das Kind zu Ihnen auf und fragt, ob Sie glauben, dass Tiere denken können. Und plötzlich geht eine ganze Welt auf. Sie lassen sich auf ein Gespräch ein, das für beide sehr gehaltvoll ist.

So ist es mit dem Universum auch. Sobald es merkt, dass Sie seiner gewahr sind und auf seine Mitteilungen – die Ereignisse in Ihrem Leben – achten, nehmen diese Mitteilungen an Zahl und Präzision zu. Sie erhalten ungeheuer viel an Unterstützung und Hinweisen, und selbst die kleinste Hilfe erweist sich als sehr bedeutungsvoll für Ihr Leben.

Wie nehmen Sie solche Mitteilungen entgegen? Ein kleines erkennendes Lächeln genügt. Es kann auch ein Kopfnicken sein, ein innerliches »Danke«. Und wenn Ihnen nach mehr ist, darf es auch ein Freudenschrei sein. Dieses Erkennen und Anerkennen wird Ihnen mit der Zeit zur Gewohnheit werden, und je mehr Ihnen so Ihre innige Verbundenheit mit dem Universum deutlich wird, desto erstaunlicher werden die Erfolge sein. Es ist Erleichterung und Freude – ein großer Segen.

DAS GEHEIMNIS UND DAS LÄCHELN

Sag nie: »Ich kann nicht.« Du bist grenzenlos. Selbst Raum und Zeit sind nichts im Vergleich mit deinem wahren Wesen. Es gibt nichts, was du nicht kannst.

Swami Vivekananda

»Sei glücklich.« Diese simple Aufforderung zu Beginn des ersten Kapitels bedeutet einfach, dass Sie sich für Glück entscheiden, wann immer Sie vor die Wahl gestellt sind. Das ist nicht blauäugiges, sondern wissendes Glück: Glück aus dem Wissen, dass alles, was Ihnen widerfährt, letztlich zu Ihrem Nutzen ist, zu Ihrem größtmöglichen Nutzen.

Meistens reagieren wir einfach automatisch auf das Leben, anstatt uns einen Augenblick Zeit zu nehmen, um bewusst zu entscheiden, wie unsere gedankliche und emotionale Reaktion aussehen soll. Das bewusste Reagieren müssen wir uns erst einmal erarbeiten. Wir halten bewusst inne. Wir lassen die

Situation auf uns wirken. Wir erinnern uns an unser Ziel, glücklich zu sein. Wir vergegenwärtigen uns die Alternativen und *entscheiden* uns dann für Glück – in dem Wissen, dass sich jede Situation letztlich zum Besten wenden wird.

Schwierig wird es natürlich, wenn die Umstände wirklich verletzend sind, wenn uns etwas genommen wird oder etwas sehr Unangenehmes bevorzustehen scheint. Sich dann für Freude und Glück zu entscheiden, kann eine sehr große Herausforderung sein und mag sogar unmöglich scheinen. Aber viele Menschen haben das schon geschafft, und jeder von ihnen wird Ihnen bestätigen, dass der Erfolg jede Mühe wert ist.

Sie können *es.*

Menschen, die beschlossen haben, glücklich zu sein, tragen stets den Anflug eines Lächelns im Gesicht, als wüssten sie von einem Geheimnis, das sie mit stillem Glück erfüllt. Vielleicht ist das Lächeln ganz innerlich und nicht zu sehen, aber es ist da. Im Wissen um dieses Geheimnis wird das Lächeln nie ganz ausgelöscht, was immer auch geschehen mag. Als hätten Sie einen Spaziergang gemacht und unterwegs hundert Euro verloren, wüssten jedoch, dass Sie ein paar Millionen auf dem Konto haben. Die hundert Euro spielen keine Rolle angesichts des beruhigenden Wissens, dass Sie noch Millionen haben. Der Verlust schmälert Ihr Glück nicht. Und die Tatsache, dass der Verlust Ihr Glück nicht schmälert, macht Sie erst recht glücklich: zu wissen, dass jeglicher Gram um derlei Dinge hinter Ihnen liegt.

Wenn das Geheimnis seinen Platz gefunden hat, finden Sie mehr und mehr Freude an den kleinen Dingen des Lebens. Sie halten inne, um einem Sperling zuzusehen, um den Sonnenuntergang zu bewundern. Alles sagt Ihnen etwas, der Wind in den Blättern, das schöne Haar einer Passantin. Alles ist genussvoller, als es früher war: eine Dusche, ein Spaziergang, ein Gespräch mit einem Freund oder einfach Gedanken über dieses wunderbare Universum. Sie werden sich nicht mehr an Dingen festbeißen, die Ihrem Glück schaden. Sie werden sich nicht mehr mit dem Unerfreulichem beschäftigen, das irgendwo auf der Welt geschieht und das keinerlei direkte Auswirkung auf Sie hat. Sie werden sich weder auf die unschönen Dinge in den Nachrichten noch auf jene Nebensächlichkeiten einlassen, die Ihnen früher nachgingen, die aber jetzt, da Sie um das Geheimnis wissen, Ihre Aufmerksamkeit nicht mehr fesseln können.

Und diese ewigen quälenden Gedanken werden verschwinden: dass in allem irgendwie der Wurm ist, dass etwas Schlimmes passieren wird, dass Sie versagen könnten, dass Sie nicht gut genug, nicht stark genug, nicht schlau genug, nicht vermögend genug sind. An die Stelle all dieser Zweifel tritt ein sicheres Wissen:

Als Bestandteil des Universums werden Sie umsorgt,
als wären Sie die größte Kostbarkeit – und das sind *Sie.*

Gewiss, Sie sind hier um zu lernen, und es gibt in der Tat einiges zu lernen. Dazu gibt es Kränkungen und Kummer und Missgeschicke, aber Sie werden das alles mit anderen Augen sehen. Der angestoßene Zeh, die verlorene

Brieftasche oder der verlorene Job werden keinen Anlass zu Zorn- oder Schmerzreaktionen mehr geben, weil Sie wissen, dass sich ein wohlwollendes und fürsorgliches Universum um Sie kümmert. Hinter dem, was vordergründig wie Unglück aussieht, werden Sie den Kern der Wahrheit entdecken, dass all das letztlich zu Ihrem größten Nutzen ist. Und damit kommt das richtige Glück, das Luftsprung-Glück: eine Freude, in der man kaum noch aufhören kann zu lachen; ein Glück, an dem die Zeit nicht nagt; ein Glück, das immer tiefer befriedigt.

So wird es kommen, wenn Sie die große universale Wahrheit erfasst haben: Alles, was mir widerfährt, geschieht nur, damit ich den allergrößten Nutzen davon habe.

DAS GROSSE VERSPRECHEN

Sieh selbst.

Shoitsu

Nun, nachdem Sie dieses Büchlein gelesen haben, besitzen Sie vielleicht noch nicht viel mehr als ein intellektuelles Verständnis. Dies kann Ihnen nur wirklich nützen, wenn Sie Gebrauch davon machen. Im Zen – Sie erinnern sich – geht es darum, alles mit einer bestimmten Sammlung und Bewusstheit zu tun.

Konzentrieren Sie Ihre Aufmerksamkeit also auf das große Versprechen des Universums und sagen Sie sich:

»Alles, was mir widerfährt, geschieht nur,
damit ich den allergrößten Nutzen davon habe.«

Oder in der Kurzfassung:

»Dies wird zu meinem Vorteil sein.«

Fragen Sie sich wirklich, und zwar mit einem Gefühl freudiger Erwartung: »Was wird daraus wohl Gutes entstehen?«

Betrachten Sie alles, was vorgeht, durch die Brille dieses großen Versprechens, und Sie werden sehen, dass Sie in einer ganz anderen Welt leben, als Sie dachten, in einer so viel besseren, wunderbaren Welt, die Glück in Hülle und Fülle für Sie bereithält.

Nehmen Sie sich nicht gleich besonders schwierige Themen vor – das Säuglingssterben, den Tod geliebter Menschen, Hitler oder den 11. September. Fangen Sie kleiner an. Wenn Sie sich einen Zeh stoßen, sagen Sie zum Beispiel: »Danke, das tut zwar weh, aber genau da ist ein Akupunkturpunkt, der gestaut war, und jetzt habe ich mehr Energie.« Oder wenn Sie sich den Kopf stoßen: »Autsch, jetzt habe ich mir den Kopf angestoßen! Ich werde ab jetzt besser aufpassen und ganz präsent im gegenwärtigen Moment bleiben. Danke für die Erinnerung.« Üben Sie mit einfachen Dingen, und das, was jetzt noch unmöglich scheint, wird bald ebenso einfach sein.

Und nun danke ich Ihnen, dass Sie Ihre Zeit mit mir verbracht haben. Sie sind drangeblieben. Das rechne ich Ihnen hoch an. Ich gratuliere Ihnen dazu, dass Sie Ihren Weg zur Erleuchtung beharrlich verfolgen. Ich verneige mich vor Ihrer Hochherzigkeit, Ihrem Kampfgeist und Ihrer Bereitschaft, nach der Wahrheit Ihres Daseins zu forschen.

Mögen Sie Größe erlangen. Möge Ihr Leben lang und glücklich sein. Mögen Sie wie auf den Flügeln von sechs Drachen zum Himmel der Glückseligkeit aufsteigen!

ANMERKUNGEN

KAPITEL 5

1 Candace B. Pert, *The Molecules of Emotion: The Science Behind Mind-Body Medicine*. New York: Touchstone, 1997, Seite 24 (deutsche Ausgabe: *Moleküle der Gefühle: Körper, Geist und Emotionen*. Reinbek: Rowohlt, 2001)

2 Ebenda, Seite 27

3 Ebenda, Seite 24

4 Ebenda, Seite 25

5 G. Ganis, W.L. Thompson und S.M. Kosslyn: »Brain Areas Underlying Visual Mental Imagery and Visual Perception: An fMRI Study« in *Cognitive Brain Research* 20, Nr. 2 (2004), Seite 226-41

6 Mehr über *Passages*, seinen Ansatz und seine Programme in Chris Prentiss: *The Alcoholism and Addiction Cure: A Holistic Approach to Total Recovery*. Los Angeles: Power Press, 2006. Websites: www.power-press.com und www.passagesmalibu.com

KAPITEL 6

1 *The Way of Life According to Lao-tzu*, übers. von Witter Bynner. London: Lyrebird, 1972, Kap. 1

KAPITEL 9

1 Alan Watts: »What Is Zen?« in *Eastern Wisdom*. New York: MJF Books, 2000, Seite 55

2 Ebenda, Seite 52 und 53

ÜBER DEN AUTOR

Chris Prentiss ist Mitbegründer und Kodirektor des *Passages Substance Abuse Treatment Center* in Malibu, Kalifornien, und Autor des Buches *The Alcoholism and Addiction Cure: A Holistic Approach to total Recovery*. Er hat außerdem ein Dutzend Bücher über chinesische Philosophie und persönliche Entwicklung verfasst. Weltbekannt wurde er durch seine Deutungen des *I Ging*, welche diese uralte und mitunter schwer zugängliche Weisheitslehre leichter anwendbar machen. Prentiss hat in Südkalifornien »Personal-Empowerment-Workshops« geleitet und einen Spielfilm produziert, zu dem er selbst das Drehbuch schrieb und bei dem er auch Regie führte. Er lebt mit seiner Frau, Lynn, in Malibu.